Heigl, Horst und Birgitt

Akkalkot

Das Guru Mandir

Die Deutsche Bibliothek - CIP-Einheitsaufnahme

Heigl, Horst:
Akkalkot : das Guru Mandir / Heigl, Horst und Birgitt. - Heiligenberg : Horst-Ed., 2002
ISBN 3-89316-015-9

ISBN 3-89316-015-9
Alle Rechte vorbehalten
© 2002 by Verlag Horst Heigl (Horst Edition)

Verwendung fanden grafische Elemente der Firmen *Aridi*

Aridi Graphics
P. O. BOX 797702 Dallas, Texas 75379 USA

und *IMSI*

IMSI's Master Clips/Master Photos Collection,
1895 Francisco Blvd. East, San Rafael, CA 94901-5506, USA

1. Auflage

Satz: Horst Heigl
Gesamtgestaltung: Horst und Birgitt Heigl

Nachdruck, auch auszugsweise, die fotomechanische Wiedergabe sowie die Übertragung durch Rundfunk oder Fernsehen, Verfilmung und Übersetzung in andere Sprachen bedürfen der ausdrücklichen Genehmigung des Verlages Horst Heigl.

Inhaltsverzeichnis

Vorwort : 5
Abb.   1 : Fassade und Portal des Guru Mandir 8
Skizze 1 : Gesamtskizze 10
Skizze 2 : Skizze des Vorhofs 12
Abb.   2 : Vorhof des Guru Mandir
           linke Gebäudeseite 14
Abb.   3 : Vorhof des Guru Mandir
           rechte Gebäudeseite 16
Abb.   4 : Vorhof des Guru Mandir mit Blick
           auf den Eingang zum Haupttempel 18
Abb.   5 : Vorhof des Guru Mandir
           Blickrichtung zum Haupteingang 20
Abb.   6 : Schrein am Banyan-Baum und Tulsi-Turm . . 24
Abb.   7 : Tulsi-Turm, Vordach zum Darshan-Raum
           und Eingang zum Haupttempel 26
Abb.   8 : Tulsi-Turm und Blick
           in den Darshan-Raum 28
Abb.   9 : Innenraum des großen Tempels 30
Skizze 3 : Haupttempel 33
Abb. 10 : Shri Swami Samarth gewidmeter Platz . . . 34
Abb. 11 : Blick in das Allerheiligste des Guru Mandir 38
Abb. 12 : Grab- und Gedenkstätte von
           Gangadhar Maharaj 42
Abb. 13 : Statue von Gangadhar Maharaj
           Nahaufnahme aus der Abbildung 12 44
Abb. 14 : Das Veden Mandir 48
Abb. 15 : Das Veden Mandir (Ältere Aufnahme) . . . 50
Abb. 16 : Seitenansicht des Veden Mandir 52
Abb. 17 : Ansicht auf den Vorraum des Ram-Tempels
           mit Einblick in das Sanktuarium 56
Abb. 18 : Blick auf die Mauer des Hauptgebäudes . . 58
Abb. 19 : Dharma Mandir
           Detail mit Gemälde und Shrees Padukas . . 60
Abb. 20 : Padukas von Shree - Nahaufnahme 64
Abb. 21 : Schrein gegenüber dem Dharma Mandir . . 66
Abb. 22 : Treppenaufgang
           zu den oberen Privaträumen 68
Abb. 23 : Ruheraum von Shree im Obergeschoss . . . 70
Abb. 24 : Ruheraum von Shree im Obergeschoss
           rechte Seite des Raumes 72
Abb. 25 : Große Gemälde,
           die Eltern von Shree darstellend 74
Abb. 26 : Gemälde, Shri Upasni Maharaj darstellend . 78
Skizze 4 : Skizze zum Darshan-Raum 81
Abb. 27 : Darshan-Raum und Fußbodenaussparung
           mit dem Schriftzug „Ram" 82
Abb. 28 : Sitzplatz von Shree, von der Seite gesehen   84
Abb. 29 : Heiliger Platz, an dem vor Shree
           göttliches Feuer erschien 86
Abb. 30 : Die verzierte Decke
           Detail aus dem Darshan-Raum 90
Abb. 31 : Sonamata-Statue und zwei Wandnischen . . 92
Abb. 32 : Wandnische im Darshan-Raum
           Nahaufnahme von Abbildung 31 94
Abb. 33 : Sonamata-Statue
           auf einem silbernen Thron 96
Abb. 34 : Statuen von Sonamata und
           Swami Shivananda auf silbernen Thronen
           und Schrifttafel mit den Sieben Versen . . . 98
Abb. 35 : Ein weiterer Sims im Darshan-Raum 100
Abb. 36 : Gedenkstätte
           Ehemaliger Platz von Ratnakar 102
Abb. 37 : Raum mit dem Essplatz von Shree 104
Abb. 38 : Besonderer Platz im Essraum von Shree . . 106
Abb. 39 : Schlafraum im Untergeschoss 110
Literaturverzeichnis: 111

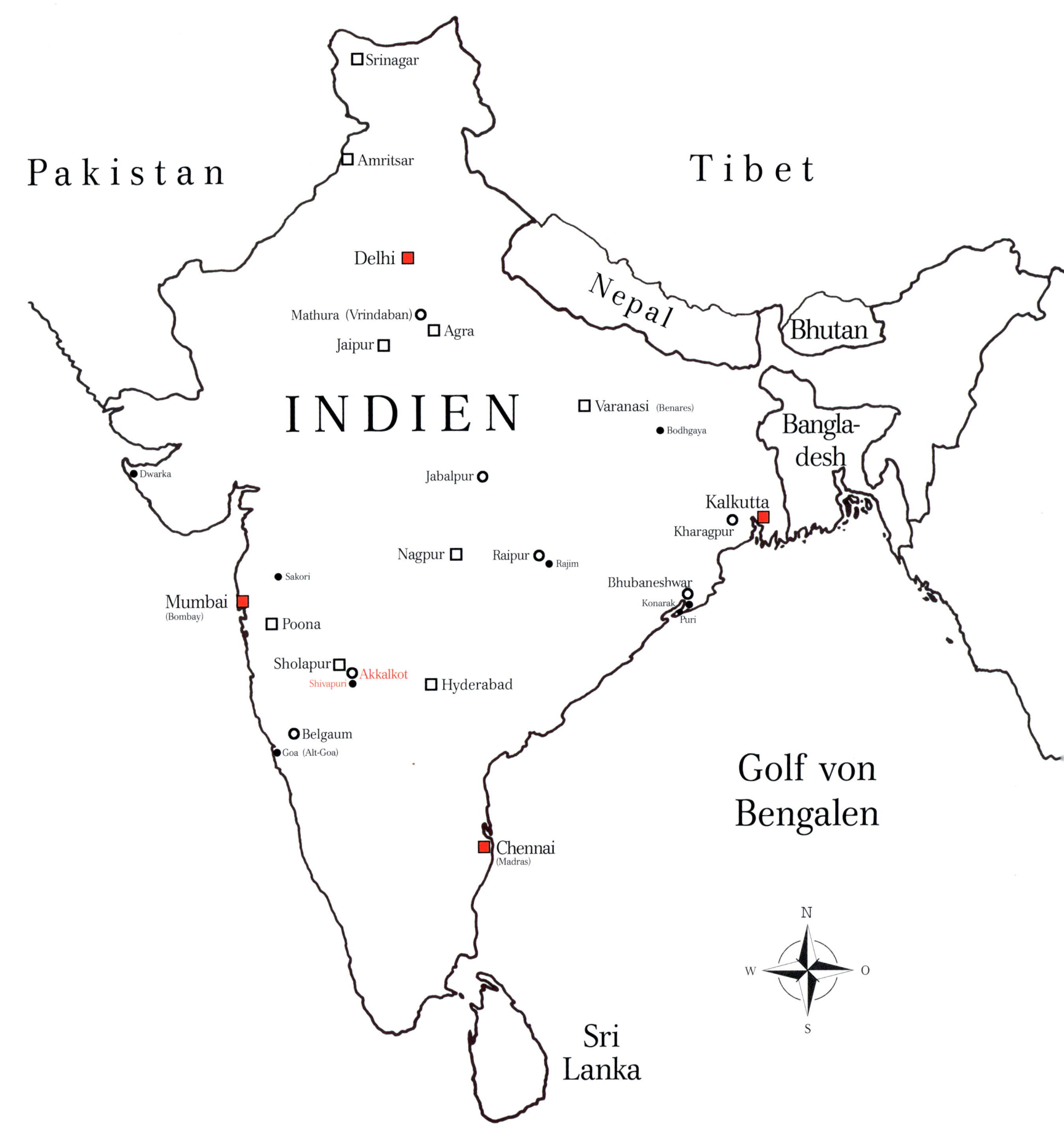

Vorwort

Im Staat Maharashtra, weitab von den bekannten Pilgerstätten Indiens, befindet sich in der Nähe von Sholapur* eine kleine Stadt, die auf den ersten Blick vielen hunderten anderen indischen Orten dieser Größe gleicht. Ihr Name deutet jedoch darauf hin, dass sich hinter ihren unscheinbaren Mauern ein Schatz verbirgt, von dem bisher nur wenige Menschen wussten. „Akkalkot" bedeutet „Ort des Wissens". Er wurde in der Landkarte auf Seite 4 mit roter Farbe markiert.

Hier lebten und wirkten nacheinander vier Meister in tiefer Verbundenheit mit dem Göttlichen. Der erste von ihnen veranlasste die Gründung des Guru Mandir, welches der Wohnsitz der folgenden Meister wurde. Der Begriff Guru als Bezeichnung für einen geistigen Meister und Lehrer wird am zutreffendsten mit „Vertreiber der Dunkelheit" übersetzt, Mandir bedeutet so viel wie Wohnstätte. Die Meister des Guru Mandir stellten ihr Leben ganz in den Dienst an geistig Suchende. Ihr Wohnsitz war jedoch zu keiner Zeit ein Ashram im Sinn einer geistigen Schulungsstätte.

Die folgenden 39 Abbildungen führen den Leser durch das Guru Mandir. Auf seinem Rundgang lernt er dessen Geschichte kennen und erfährt vieles aus dem Wirken der Meister, die hier lebten. Er begegnet dabei einer Kultur, die ihm fremd erscheinen mag, in der er jedoch reiches Wissen und tiefe Wahrheit findet, wenn er durch die äußere Hülle auf den eigentlichen Kern blickt.

Param Sadguru Shree** Gajanan Maharaj, der hier als letztes Oberhaupt des Guru Mandir viele Jahre seines Lebens verbrachte, krönte die Geschichte der heiligen Stätte. Die ihm verliehenen hohen Titel weisen bereits auf seine außergewöhnliche Bedeutung hin. Param Sadguru bedeutet „Höchster aller vollkommener Meister", Shri wird üblicherweise dem Namen einer hoch geachteten Person vorangestellt. Im Lauf der Zeit entwickelte sich daraus die respektvolle Bezeichnung und damit Erhöhung des Titels Shree für den hohen Meister. Es war durchaus üblich und es ist auch heute noch gebräuchlich die ehrenvolle Kurzbezeichnung Shree sprachlich und schriftlich zu verwenden.

Die gewaltige geistige Aufgabe, die Shree in seinem Leben erfüllte, war von weltweiter Bedeutung für dieses Zeitalter. Er belebte das Wissen der Veden wieder und vermittelte mit dem „Fünffachen Pfad" einen Weg, wie in der heutigen Zeit auf wirksamste Weise die unveränderlichen Grundlagen aller Religionen in das tägliche Leben mit einbezogen werden können. Gleichzeitig schuf Shree eine Verbindung zwischen unterschiedlichen Glaubensrichtungen, denn die Grundprinzipien des Fünffachen Pfades sind in verschiedener Form in beinahe allen Religionen enthalten.

Shree lebte und wirkte in engster Verbundenheit mit dem höchsten Licht - mit göttlichem Licht. In diesem Bewusstsein stand er weit über jeder persönlichen Religionszugehörigkeit. In seinem Tagesablauf und den täglichen religiösen Handlungen hielt er sich ausschließlich an die Angaben der Veden in ihrer ursprünglichen Reinheit. Diese heiligen Schriften beinhalten das umfassendste und älteste Wissen der Menschheit. Keine Religion kann sie allein für sich in Anspruch nehmen, da ihr Wissen schon lange existierte, bevor sich die heutigen Glaubensrichtungen entwickelten. Auf der Grundlage der Veden machte Shree den wahren Inhalt der verschiedenen Religionen wieder deutlich, ohne dabei die Glaubensrichtungen selbst zu verändern. Er berücksichtigte die Traditionen und Bedürfnisse der Menschen in seiner Umgebung, die sich ihren Gedenkstätten mit tiefer Verehrung näherten. Auf dem Rundgang durch das Guru Mandir begegnet der Leser deshalb einigen mythologischen Darstellungen aus der Welt des Hinduismus. Sie symbolisieren verschiedene Aspekte des Höchsten Lichts und bringen einen Teil der unendlichen Vielfalt des Schöpfers zum Ausdruck. In der Mythologie werden die unterschiedlichen geistigen Kräfte personifiziert. Ihnen weist man Gestalten zu, die

---

* sprich: Scholapur. Sh wird wie sch ausgesprochen.
** ee wird wie i, j wie dsch ausgesprochen - zum Beispiel: Schri Gadschanan Maharadsch.

ihren jeweiligen Eigenschaften entsprechen. Die Darstellung verschiedener mythologischer Gestalten zum Beispiel mit drei Häuptern oder mehreren Armen ist dabei ausschließlich symbolisch zu verstehen. Sie verdeutlicht die mannigfache Vielfalt der geistigen Kräfte und Möglichkeiten, wenn sich das Bewusstsein mit hohem Licht verbindet.

In zahlreichen Legenden, die sich um die mythologischen Wesenheiten ranken, verbergen sich viele Gesetzmäßigkeiten der geistigen Welt und das Wissen um die Beziehungen der Kräfte untereinander. Dazu verwendet man Bilder aus dem menschlichen Dasein und verbindet sie mit den übernatürlichen Fähigkeiten der symbolischen Gestalten. Sinnbildlich für die absolute Unbegrenztheit des göttlichen Geistes ist ihnen alles möglich. Die tiefen Wahrheiten, die sich in der Symbolik der indischen Mythologie verbergen, finden sich auch in geistigen Grundlagen und Mythen anderer Religionen wieder. Hier wurden um dieselbe Wahrheit wiederzugeben meist andere Ausdrucksformen gewählt. Sie alle sind jedoch nicht mit dem Intellekt zu erfassen, sondern erfordern eine andere Betrachtungsweise.

Im Leben und Wirken von Shree fanden viele Ereignisse statt, in denen Mythologie und irdische Wirklichkeit miteinander verschmolzen. In Erinnerung an besondere Augenblicke unmittelbaren göttlichen Wirkens wurden im Guru Mandir einige Gedenkstätten errichtet, die den Besucher an dem Erleben teilhaben lassen, dass sich hier Höchstes Licht manifestierte.

Die Abbildungen und Beschreibungen der Gedenkstätten in diesem Bildband wollen einen Einblick in das Leben von Shree vermitteln und den Leser in der Schilderung der bedeutendsten Ereignisse etwas von der Größe höchsten Lichtwirkens ahnen lassen. Die Zusammenhänge und geistigen Hintergründe von Shrees großem Werk liegen jenseits des bloßen Verstandesdenkens und oft auch über der Ausdrucksmöglichkeit von Worten. Immer mehr davon in der Tiefe erfassen zu dürfen, ist ein Geschenk.

An dieser Stelle soll zur Entstehung des Bildbandes einiges eingefügt werden.

Als Horst Heigl bei seiner Suche nach göttlicher Unterweisung nach Akkalkot geführt wurde, durfte er erkennen, wer Shree ist. Daraus ergaben sich ein ständiger persönlicher Kontakt und Besuche bei ihm. Da nur wenige Menschen außerhalb Indiens Gelegenheit hatten Shree zu begegnen, entstand bei Horst Heigl der Wunsch anderen Menschen von ihm und seinem Wirken, aber auch von den Stätten, an denen er wohnte, zu berichten.

Shree wohnte bis zum Jahr 1984 im Guru Mandir. Viele Abbildungen in diesem Buch sind eng mit seinem Wirken dort verbunden. Die letzten Jahre seines irdischen Daseins verbrachte er in Shivapuri, etwa drei Kilometer von Akkalkot entfernt. In Shivapuri fanden durch ihn einige der bedeutendsten religiösen Ereignisse unserer Zeit statt. Der anschließende Bildband Shivapuri widmet sich der Entstehung dieses Ortes und den Geschehnissen dort in zahlreichen Abbildungen und Beschreibungen.

Shree war außerordentlich erfreut über das Vorhaben, den Orten seines Wirkens, Akkalkot und Shivapuri, Bildbände zu widmen und sie so den Menschen nahe zu bringen, denen ein persönlicher Aufenthalt dort nicht möglich war. Er unterstützte die Arbeit daran in jeder Hinsicht und gewährte für die Aufnahmen Zutritt zu allen Räumen. Auf seine Anordnung hin wurden eigens Schreine geöffnet, die sonst stets verschlossen blieben, und Statuen geschmückt, wie sie nur an hohen Festtagen verziert werden.

Mit Ausnahme von zwei Fotos entstanden alle während verschiedener Aufenthalte der Autoren im Guru Mandir und in Shivapuri vor dem Oktober 1987. Die Aufnahme auf Seite 91 wurde freundlicherweise zur Verfügung gestellt.

Einige Jahre bevor Shree seinen Wohnsitz nach Shivapuri verlegte, hatte er die Verwaltung des Guru Mandir einer Treuhandgesellschaft übertragen, die es nun in seinem Gedenken weiterführt. Shree verließ seinen Körper am 6. Dezember 1987. Inzwischen leben etwa fünfzehn Personen im Guru Mandir, die sich um dessen Erhaltung kümmern, was in jeder Hinsicht viel Arbeit bei Beachtung aller Vorschriften bedeutet. Allein die Räumlichkeiten erfordern viel Pflege, wenn man in Betracht zieht, dass klimatische Einwirkungen sowie die Qualität der Farben nach kurzer Zeit die Innenräume wieder renovierungsbedürftig erscheinen lassen. Dieses ist auf einigen Bildern deutlich erkennbar.

Die Türen der heiligen Stätte stehen auf Wunsch von Shree weiterhin für Besucher offen. Alle Veränderungen, sowohl räumliche als auch organisatorische, die im Guru Mandir und in Shivapuri nach dem 6. Dezember 1987 stattfanden, sind in den Bildbänden nicht enthalten. Trotz notwendiger Änderungen wird das Wesentliche der Baulichkeiten erhalten bleiben und die heiligen Schwingungen werden, in keiner Weise beeinflusst, weiter bestehen.

Die zahlreichen Fragen zu den Abbildungen und zu den Ereignissen im Leben von Shree konnten durch die große Hilfe seines Sohnes, Dr. Shreekant Rajimwale, beantwortet werden. Die Antworten wurden nach bestem Wissen übersetzt und in den Bildbänden verwendet. Dr. Rajimwale und allen Ergebenen von Shree, die bei der Entstehung der Bücher hilfreich mitwirkten, sei herzlich gedankt.

Mögen die folgenden Seiten eine Ahnung von dem vermitteln, was diese heilige Stätte einst beherbergte und was noch heute von ihr ausstrahlt.

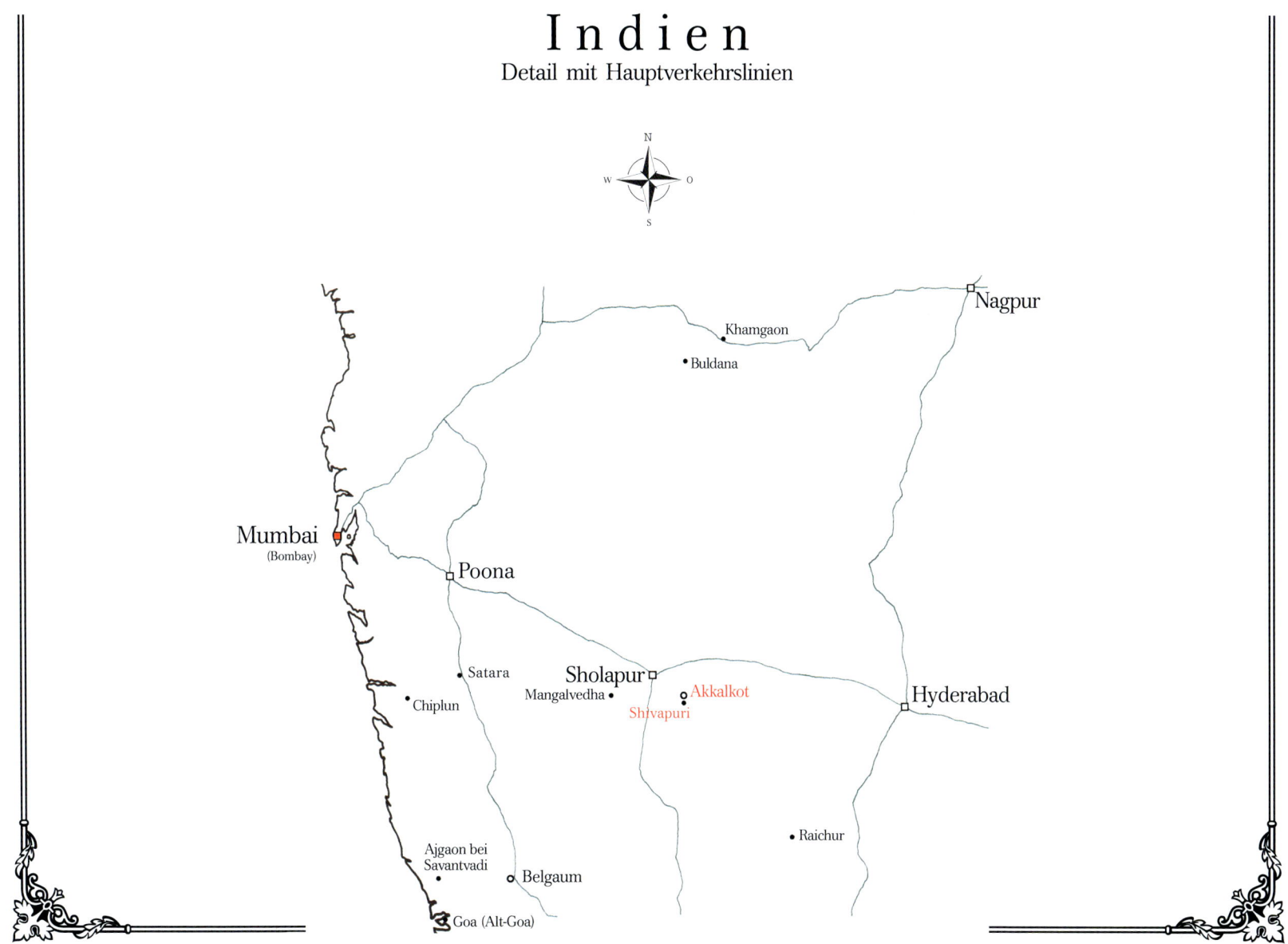

Indien
Detail mit Hauptverkehrslinien

Abbildung 1
Fassade und Portal des Guru Mandir

Balappa Maharaj

Mitten in einer der engen, von vielerlei Geräuschen durchdrungenen Gassen von Akkalkot, das seinen dörflichen Charakter noch bewahrt hat, stehen wir hier vor dem Eingangstor zum Guru Mandir. Das lebhafte Treiben des Ortes lässt nicht vermuten, dass hinter diesen unauffälligen Mauern ein Ort von tiefem inneren Frieden zu finden ist. Breit angelegte Treppen führen den Besucher zum Portal, über dem in Marathi, einer der indischen Hauptsprachen, der Name dieses Wohnsitzes angebracht ist. Balappa Math, wie das Guru Mandir auch genannt wird, ist die Bezeichnung, die auf seinen Gründer Balappa Maharaj zurückgeht. Von ihm wird bei späteren Abbildungen noch sehr ausführlich die Rede sein. Math ist ein anderer Ausdruck für den Wohnsitz einer heiligen Person. Die Tafeln auf beiden Seiten des Eingangs weisen, links in Marathi, rechts in Englisch, ebenfalls auf den Begründer des Guru Mandir hin. Sie gedenken darüber hinaus auch der Person, welche die finanziellen Mittel für den Bau zur Verfügung stellte.

Der turmartige Aufbau über dem Eingang ist Teil einer begehbaren Mauerbrüstung, die sich nach links weiter fortsetzt. Von ihr hat man einen weiten Blick über die Dächer von Akkalkot.

Auf der Mauer kennzeichnet eine safrangelbe Flagge das Guru Mandir als eine heilige Stätte. Sie symbolisiert geistige Autorität, weil Safrangelb die Farbe der Yogis ist. Die Stätten, an denen Shree sich häufig aufhielt, hissen jeweils am Neujahrstag - Padwa, er wird nach dem Mondkalender berechnet - eine neue Flagge, begleitet von einer Feuerzeremonie, religiösen Gesängen und dem Klang von Muschelhörnern. Auf Shrees Wunsch hin soll an den Stätten, an denen Satya Dharma praktiziert wird, zukünftig eine safranfarbene Flagge verwendet werden, deren Gestaltung Shree vorgegeben hat. Die Inschrift lautet:

„Höchster Lord Parshuram,
Bezwinger der Welt,
Sieg für Satya Dharma".

Diese Inschrift ist in Sanskrit geschrieben. Weiterhin trägt die Flagge die Symbole Sonne und Mond sowie die Feuerpyramide. Eine feine Stickarbeit ziert den Rand.

Alle im Zusammenhang mit der Flagge genannten Namen und Begriffe werden im weiteren Text noch ausführlich erklärt.

Bevor wir uns den Aufnahmen innerhalb des Guru Mandir zuwenden, soll die Skizze 1 einen Überblick über die gesamte Anlage bieten.

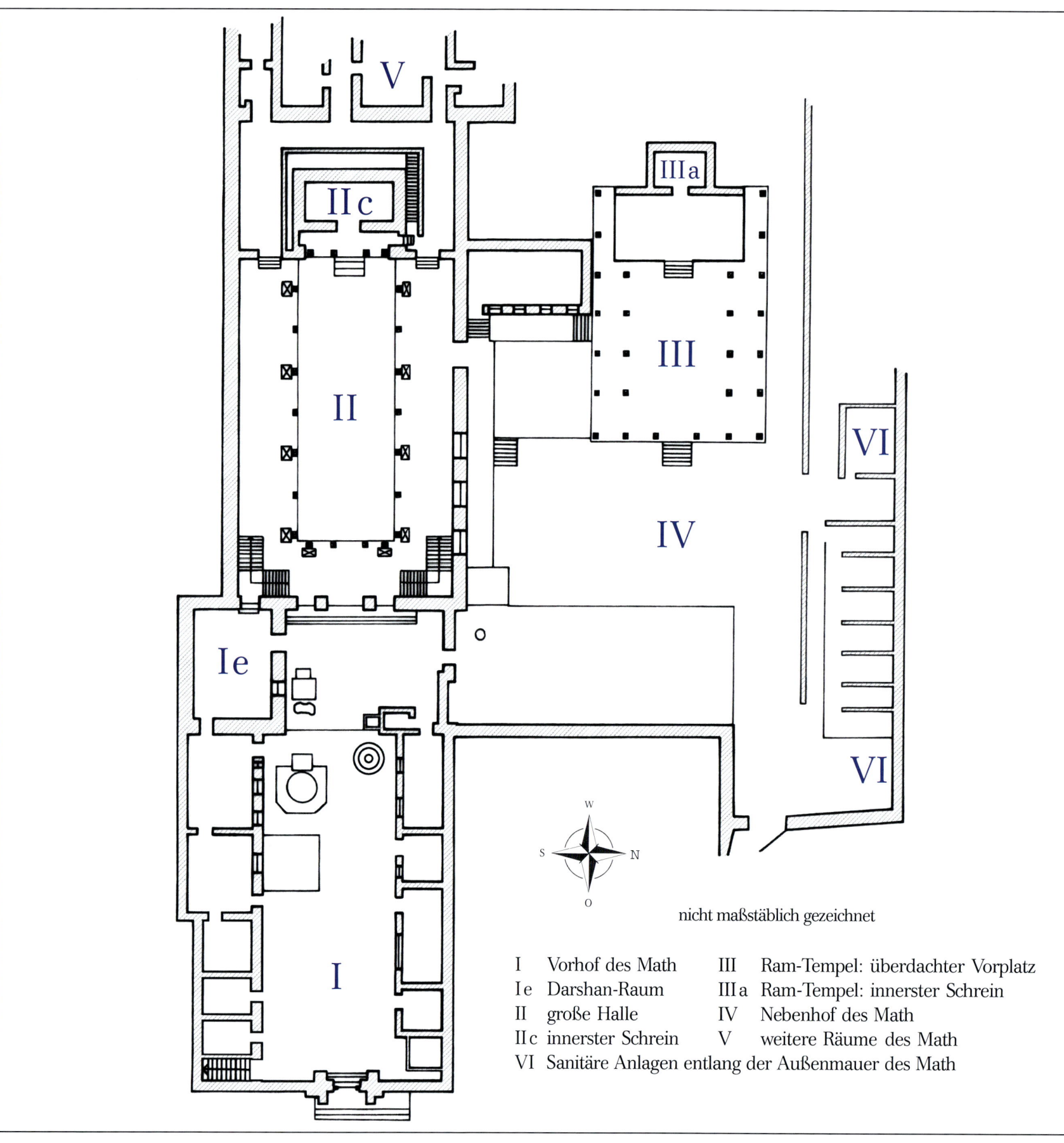

Skizze 1

Gesamtskizze

Das Guru Mandir stellt in baulicher Hinsicht eine in sich abgeschlossene Einheit dar.

Durch das Haupteingangstor geht man in Richtung Westen in den etwa 23 Meter langen und 7 Meter breiten Vorhof. Dieser ist mit I gekennzeichnet. Von hier aus gelangt man jeweils rechts und links in mehrere Räume, deren Nutzung im Verlauf des Bildbandes beschrieben wird.

Dem mit Ie gekennzeichneten Raum, als Darshan-Raum bekannt, sind seiner Besonderheit wegen mehrere Aufnahmen gewidmet.

Direkt an den Vorhof schließt sich, einige Stufen erhöht, das Hauptgebäude des Guru Mandir an, in dem sich der Haupttempel befindet. Bei den Abbildungen 9 bis 16 und 19 bis 22 sowie 26 werden all die Gedenkstätten und Darstellungen vorgestellt, die er beherbergt.

Der Haupttempel besteht aus der großen Halle, die Sabha Mandap genannt wird (II), und dem innersten Schrein, dem Garba Graha (II c). Zu ihm führen nochmals einige Stufen hinauf. Diese räumliche Einteilung entspricht im Wesentlichen der eines indischen Tempels. Hier wird täglich Gott in seinen verschiedenen Aspekten Verehrung entgegengebracht.

Neben dem Hauptgebäude befindet sich - durch einen seitlichen Ausgang erreichbar - der Nebenhof des Guru Mandir. In der Gesamtskizze ist er mit IV gekennzeichnet. Er beherbergt einen Tempel zu Ehren von Ram (III a). Der Tempel ist mit einem offenen, überdachten Vorplatz (III) versehen. Die Aufnahmen 17 und 18 bieten einen Eindruck vom Ram-Tempel und vom Nebenhof.

Vom Haupteingang des Guru Mandir her gesehen befinden sich hinter dem Hauptgebäude und dem Ram-Tempel mehrere Räume wie Küche, Vorratsräume, kleine Essräume und Ähnliches. Dieser nur andeutungsweise eingezeichnete Gebäudeteil ist in der Skizze mit V versehen.

Balappa Maharaj regte im Jahr 1901 den Bau des Guru Mandir an. Noch im selben Jahr wurden die Grundmauern des Hauptgebäudes erstellt. Ergebene von Swami Samarth, auf dessen Wunsch Balappa Maharaj das Guru Mandir errichten ließ, ermöglichten durch organisatorische und finanzielle Unterstützung nach und nach den Aufbau all der Gebäudeabschnitte mit ihren Räumlichkeiten.

Im Jahr 1914 konnte die hauptsächliche Bautätigkeit abgeschlossen werden. Zu dieser Zeit war bereits Gangadhar Maharaj Oberhaupt des Guru Mandir.

nicht maßstäblich gezeichnet

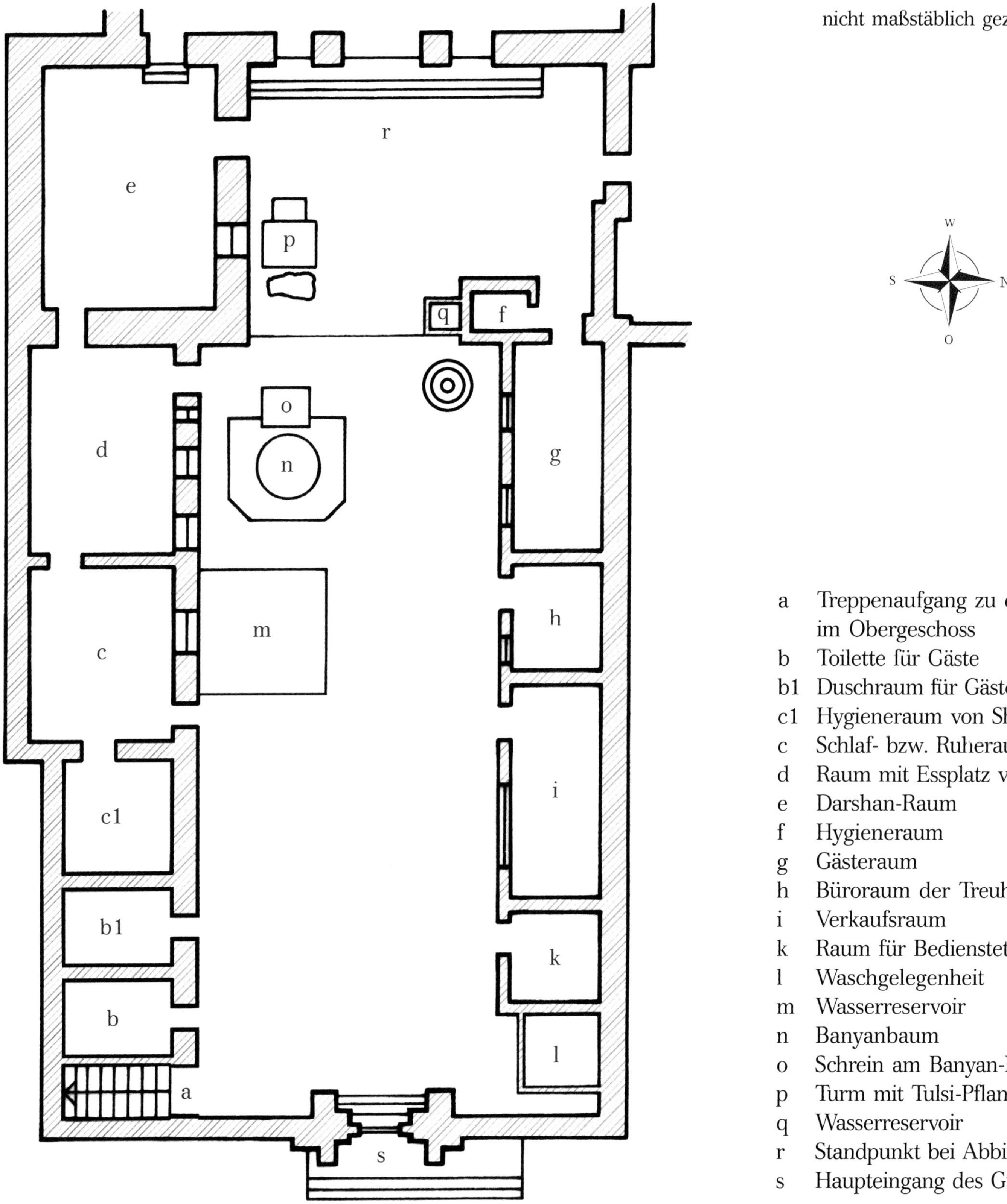

a	Treppenaufgang zu den Gästeräumen im Obergeschoss
b	Toilette für Gäste
b1	Duschraum für Gäste
c1	Hygieneraum von Shree
c	Schlaf- bzw. Ruheraum von Shree
d	Raum mit Essplatz von Shree
e	Darshan-Raum
f	Hygieneraum
g	Gästeraum
h	Büroraum der Treuhandgesellschaft
i	Verkaufsraum
k	Raum für Bedienstete
l	Waschgelegenheit
m	Wasserreservoir
n	Banyanbaum
o	Schrein am Banyan-Baum
p	Turm mit Tulsi-Pflanze
q	Wasserreservoir
r	Standpunkt bei Abbildung 5
s	Haupteingang des Guru Mandir

Skizze 2
Skizze des Vorhofs

Die drei Räume im Untergeschoss des linken Gebäudeteils (c, d, und e) bestehen in der Form, wie die Abbildungen 27 bis 39 sie zeigen, erst seit 1973.
Der Darshan-Raum von Shree, in der Skizze mit e gekennzeichnet, wurde im Jahr 1978 vollständig neu gestaltet.
Die Zimmer im Obergeschoss, von denen in den Abbildungen 2, 6, 7 und 8 jeweils Fenster zu sehen sind, haben nahezu denselben Grundriss wie die jeweils darunter befindlichen d und e. Im Obergeschoss befindet sich bei e der frühere Ruheraum von Shree, der bei den Abbildungen 23 und 24 vorgestellt wird.
Über dem Raum c befanden sich im Obergeschoss zwei gleich große Räume, jedoch halb so groß wie Raum c. Diese beiden Räume, die später von der Familie von Shree genutzt wurden, waren über den schmalen Treppenaufgang - mit a gekennzeichnet - zu erreichen.

Die Treppe führt auch - wie bereits bei Abbildung 1 erwähnt und zu sehen - zur Mauerbrüstung der Fassade des Guru Mandir, von wo aus man die umliegenden Straßen, engen Gassen und Häuser von Akkalkot sehen kann.
Der Raum h auf der rechten Seite des Vorhofs wurde anfangs als Waschraum für Shrees Wäsche genutzt und 1983 renoviert um ihn als Wohnraum einzurichten. Horst Heigl durfte diesen neuen Raum als Erster benutzen. Er wurde stets bevorzugt untergebracht. Seine Reiseteilnehmer erhielten gesonderte, sehr angenehme Plätze auf der Galerie des Tempels. Nach Shrees Umzug nach Shivapuri wurde dieser ehemalige Waschraum als Büroraum der Treuhandgesellschaft zur Verfügung gestellt.
Die Angaben „links" und „rechts" sind bei allen Beschreibungen aus der Sicht des Betrachters zu sehen, wenn es nicht ausdrücklich anders angegeben ist.

Abbildung 2 / Seite 14
Vorhof des Guru Mandir
linke Gebäudeseite

Die Stufen des Haupteingangs führen durch ein Tor in den Vorhof des Guru Mandir. Hier ist es so, als ob wir eine andere Welt betreten. Augenblicklich umgibt uns eine Atmosphäre der Stille, die Großes erahnen lässt.
Gleich rechts neben dem Eingang - in der Skizze 2 mit l gekennzeichnet - waschen wir den Staub der Straße von Händen und Füßen und streifen damit sinnbildlich auch die Alltagswelt von uns ab. In den verschiedenen Religionen haben sich unterschiedliche Gesten der Ehrerbietung entwickelt, welche die Gläubigen beim Betreten einer heiligen Stätte ausführen, wie zum Beispiel das Entblößen des

Kopfes oder das Tragen einer vorgeschriebenen Kopfbedeckung. Hier in Indien ist es selbstverständlicher Brauch, die Schuhe auszuziehen. Wir stellen sie in das Schuhregal links vom Eingang (auf Abbildung 5 rechts neben dem Eingang zu sehen). Der mit Steinquadern ausgelegte Boden im Guru Mandir ist dem Klima entsprechend warm und angenehm zu betreten.
Für einige Augenblicke lassen wir die Umgebung auf uns wirken und versuchen ihre besondere Atmosphäre aufzunehmen. Im Gegensatz zum lebhaften Treiben vor dem Tor strahlt hier alles auffällige Ruhe und Reinheit aus.

Von dem angenehmen Duft, der hier die Luft durchzieht, begleitet gehen wir einige Schritte und lassen unseren Blick über den Vorhof schweifen. Der mächtige Banyan-Baum oder das Gebäude im Hintergrund mit seinen Torbögen ziehen die Aufmerksamkeit auf sich, doch wir wollen mit unserem Rundgang auf der linken Seite des Vorhofs beginnen.

Links, in dem zweistöckigen Gebäude, das sich fast über die gesamte Länge des Vorhofs erstreckt, haben Shree und seine Familienangehörigen zeitweise gewohnt. Dieser Teil ist der jüngste des Guru Mandir; er wurde erst um 1973 errichtet. Vor dieser Zeit war hier ein kleiner Garten, in dem die Kühe des Guru Mandir gehalten wurden.

Im oberen Bereich dieses Gebäudes befanden sich zwei Gästeräume, von denen der dem Eingangstor am nächsten gelegene Raum Horst Heigl bei seinen ersten Aufenthalten zur Verfügung stand.

Einigen der unten gelegenen Räume werden wir uns später noch ausführlich widmen. Sie sind in Skizze 2 mit c, d und e gekennzeichnet.

Noch vor dem Banyan-Baum kommen wir an der Plattform des Wasserreservoirs vorbei. Besucher saßen hier gerne um die Atmosphäre zu genießen oder die Gelegenheit wahrzunehmen, manchmal Shree sprechen zu hören. Er hielt sich ab und zu in dem Raum auf, dessen Fenster sich über der Plattform befindet.

Wenn wir den Blick noch etwas höher richten, sehen wir über dem Fenster das Standbild einer weißen Kuh. Sie ist das Symbol für eine Feuerzeremonie aus den Veden. Neben ihrem Standbild benennen die Marathi-Schriftzeichen für Ram-Ram-Ashram diesen Teil des Guru Mandir. Warum Shree den Namen Ram für das Gebäude wählte, wird bei Abbildung 6 beschrieben. Ashram ist ein Begriff aus dem Sanskrit und bezeichnet im Allgemeinen ein Zentrum für religiöse Studien und Meditation. Es kann ein Heim, ein Landhaus, eine Einsiedelei oder auch ein Kloster sein. Jeder Versammlungsort spirituell Strebender ist ein Ashram. Das Guru Mandir war niemals Ashram im Sinne einer Schulungsstätte, wie es bei uns im Westen oftmals verstanden wird.

Es kamen und kommen viele Besucher in das Guru Mandir, die nach geistiger Nahrung streben. Auch heute noch können hier alle in Fülle aufnehmen, so viel ihnen möglich ist.

Shree betonte, dass er nicht Guru genannt werden möchte, das heißt, dass er keine Schüler im Sinne der Guruschaft annahm, wie es bei uns im Westen manchmal beim Oberhaupt eines Ashrams vermutet wird.

Der mächtige Banyan-Baum, dessen Äste über das Gebäude hinausragen, spendet wohltuenden Schatten. Er erinnert uns an den Baum, unter dem Buddha drei Tage und drei Nächte verbrachte und dort schließlich die Erleuchtung erhielt. Die Zweige dieses Baumes, der auch Pipal oder Bodhi-Baum genannt wird, werden nur geschnitten, wenn es unumgänglich ist. Sie finden dann in einer besonderen Feuerzeremonie Verwendung.

Ursprünglich stand an dieser Stelle ein Audumber-Baum, der 1958 durch diesen Banyan-Baum ersetzt wurde.

Hinter seinem mächtigen Stamm wird ein Vordach sichtbar, das über eine turmähnliche Gedenkstätte mit einer Tulsi-Pflanze hinweg in den Vorhof ragt. Ihr widmen wir bei Abbildung 6 mehr Aufmerksamkeit.

Vom Stamm des Banyan-Baumes ganz verdeckt befindet sich unter dem Vordach die Tür zu einem der bedeutungsvollsten Räume für die Besucher des Guru Mandir. Ihm werden wir uns gegen Ende unseres Rundgangs ausführlich zuwenden. Zuerst lernen wir die Geschichte dieses Ortes kennen, die eng mit dem Leben von großen Meistern verbunden ist. Immer wieder werden wir Stätten begegnen, an denen bedeutsame Ereignisse stattfanden. Vor allem das Leben von Shree war reich an außergewöhnlichen Begebenheiten, die wir allerdings nicht chronologisch, sondern in der Reihenfolge nachvollziehen, wie uns ihre Gedenkstätten in diesem Bildband begegnen.

Zwischen dem Banyan-Baum und der Kokospalme auf der rechten Seite blicken wir auf den blau bemalten Eingang des Haupttempels mit seinen drei Rundbögen. Der linke wurde ausschließlich von Shree benutzt, wenn er zu seinen oberen Wohnräumen ging.

Der Balkon über dem Eingang zum Haupttempel ist über eine Treppe im Tempel zu erreichen (s. Skizze 1).

Schlank reckt sich der Stamm der Kokospalme hoch über das Gebäude, das den Vorhof auf der rechten Seite begrenzt. Diesem Teil des Guru Mandir wenden wir uns mit der folgenden Abbildung zu.

Abbildung 3
Vorhof des Guru Mandir
rechte Gebäudeseite

Wir betrachten die rechte Seite des Vorhofs zunächst wieder vom Eingangsbereich aus.

Verschiedene Räume reihen sich in einem lang gestreckten, niedrigen Gebäude aneinander, die jeweils vom Vorhof aus zu betreten sind. Diese Aufnahme zeigt jene, die in Skizze 2 mit g, h und i gekennzeichnet sind.

Rechts im Bild fällt unser Blick auf einen Raum (i), der ein kleines Vordach und eine zusätzliche Fensterbrüstung besitzt. Hier werden Informationsschriften zum Fünffachen Pfad, Literatur zur Entstehung und Entwicklung des Guru Mandir sowie Wissenswertes über seine Oberhäupter aufbewahrt und auf Wunsch auch zum Verkauf angeboten. Ebenso können wir hier die notwendigen Utensilien für die vedischen Feuerzeremonien erhalten, wie auf den blauen Tafeln neben der Eingangstür links neben den Fenstern in Marathi zu lesen ist. Üblicherweise ist der Verkaufsstand täglich nach Bedarf geöffnet. Zu dem von Shree gegebenen Fünffachen Pfad und den vedischen Feuerzeremonien wird im weiteren Text ausführlicher geschrieben.

Der daran angrenzende Raum h wurde seit seinem Bestehen verschiedenartig genutzt. Einige Jahre lang diente er ausschließlich als Waschraum für die Wäsche von Shree. Shree, der ständig mit höchstem Licht verbunden war, achtete in besonderem Maße auf Reinheit. Nur bestimmte Personen waren mit der Pflege seiner Kleidung betraut.

Im Jahr 1983 wurde dieser Raum als Wohnraum eingerichtet, den Horst Heigl bei seinen Aufenthalten nutzte. Kurz zuvor hatte Shree seinen Schlafraum direkt gegenüber auf die linke Seite des Vorhofs ins Erdgeschoss verlegt.

Bereits 1977 hatte Shree die Gründung der Treuhandgesellschaft „Guru Mandir Trust" veranlasst, die seit dem 28. Februar desselben Jahres besteht. Sie nutzt den ehemaligen Waschraum nun als Büro und Empfangszimmer. Aufgabe der Treuhandgesellschaft ist es, das Guru Mandir auch nach Shrees Weggang von der Erde instand zu halten. Sie ist auch verantwortlich die religiösen Traditionen zu erhalten und zu pflegen. Das Guru Mandir soll weiterhin für die Öffentlichkeit zugänglich bleiben.

Der letzte Raum in der Reihe stand Besuchern des Guru Mandir und Ergebenen von Shree als Gästeraum zur Verfügung. Er ist in der Skizze 2 mit g gekennzeichnet. Sein Eingang liegt an der Stirnseite, zum Tempel hingewendet, von dessen Fassade wir hier noch einen Teil sehen können. Beide Fenster zeigen zum Vorhof. Seit Shree seinen Wohnsitz nach Shivapuri verlegt hatte, nutzte hauptsächlich die Treuhandgesellschaft diesen Raum für ihre Versammlungen.

Eine weitere Räumlichkeit, die sich rechts an den Verkaufsstand anschließt - in Skizze 2 mit k gekennzeichnet - ist auf der Abbildung nicht sichtbar. Sie steht den Bediensteten zur Verfügung, die für die Reinhaltung des Guru Mandir zuständig sind.

Unter den ins Bild ragenden Zweigen der Kokospalme erhebt sich ein reich mit schön gestalteten Figuren verziertes Kuppeldach. Zwischen hoch gewachsenen Bäumen ziert es den Ram-Tempel, der im Nebenhof des Guru Mandir steht und im Text der Abbildung 17 beschrieben wird.

Im Guru Mandir wird sehr auf Reinlichkeit geachtet. Allein der Vorhof wurde mehrmals täglich gesäubert. Auch alle Räumlichkeiten strahlten jederzeit aufgrund der sorgfältigen Reinhaltung. Mit diesen Aufgaben, die auch die Pflege der Traditionen beinhalten, sind etwa fünfzehn Personen betraut. Einige von ihnen leben im Bereich des Ram-Tempels und andere in Akkalkot.

Die bewusste Hinwendung zu Gott prägt den Tagesablauf. Bereits zu den ersten Gebeten wird frühmorgens um 4 Uhr das Guru Mandir Besuchern geöffnet, die sich hier den ganzen Tag bis spät abends aufhalten können. Im Jahresverlauf finden zahlreiche religiöse Feierlichkeiten statt, zu denen

manchmal Tausende von Besuchern aus ganz Indien kommen. Diese Traditionen sowie die täglichen heiligen Zeremonien werden auf Wunsch von Shree auch zukünftig beibehalten. Er sorgte dafür, dass das Guru Mandir für die Bevölkerung Indiens wie auch für Pilger aus aller Welt ein lebendiges Zentrum der Gottverehrung und Gottesnähe bleibt.

Abbildung 4

Vorhof des Guru Mandir

mit Blick auf den Eingang zum Haupttempel

Wir sind nun wenige Schritte weitergegangen und sehen vom Vorhof auf den Haupttempel und einige der zuvor erwähnten Räume. Diese Umgebung spiegelt die Harmonie wider, die das gesamte Guru Mandir durchdringt. Auch wir fühlen uns von ihr eingehüllt. Die Einfachheit und Reinheit hier wirken beruhigend und klärend, und vieles, was vorher noch wichtig erschien, fällt gleichsam von uns ab. Die innere und äußere Ruhe veranlassen uns, in uns hineinzuhorchen und den Frieden so tief wie möglich aufzunehmen. Es ist, als ob wir nach langem Reisen nun endlich da sind, wo wir schon immer sein wollten. In dieser Atmosphäre fühlen wir uns angenommen.

Jeder, der uns im Guru Mandir entgegenkommt, begegnet uns mit großer Herzlichkeit und Wärme. Man kümmert sich liebevoll um all unsere Belange und verstärkt in uns das Gefühl zu Hause zu sein. Hier steht der Mensch an erster Stelle, nicht das strikte Ausführen von geistigen Disziplinen, wie es oft in Ashrams der Fall ist. Dabei ist immer die tiefe Achtung und Demut gegenüber der Heiligkeit dieses Ortes zu spüren, die in den Menschen hier lebt.

Abbildung 5

Vorhof des Guru Mandir

Blickrichtung zum Haupteingang

Nachdem wir die Gebäude auf beiden Seiten des Vorhofs kennen gelernt haben, wenden wir uns vor dem Eingang des Haupttempels um und blicken zurück in Richtung Eingangstor des Guru Mandir. Unser Standpunkt ist in Skizze 2 mit r kenntlich gemacht.

Aus diesem Blickwinkel fällt uns rechts vor dem Banyan-Baum ein bemalter Schrein auf, der mit einigen Symbolen verziert ist (in Skizze 2 mit o gekennzeichnet). Dort befindet sich hinter der geschlossenen Gittertür eine steinerne, symbolische Darstellung von Füßen, die an Lord Parshuram erinnern. Lord Parshuram gilt als eine der höchsten Wesenheiten in der indischen Mythologie. Er wird als ewige Inkarnation und als die sechste Wiedergeburt von Lord Vishnu betrachtet. Sein Wesen und sein Wirken sind mit menschlichem Verstand nicht zu erfassen und können nur andeutungsweise über die Mythologie beschrieben werden. Shree stand mit Lord Parshuram in besonderer Verbindung und brachte ihm stets höchste Verehrung entgegen, wie bei späteren Abbildungen deutlich wird.

Auf dem Schrein stellte der Künstler verschiedene Symbole wie beispielsweise Feuer, Sonne und Mond dar, die uns im Guru Mandir noch mehrmals begegnen werden. Die Inschrift über der Gittertür heißt Ra und Ma. Dies sind Silben aus dem Hare-Ram-Mantra, das bei Abbildung 26 beschrieben wird. Mantras sind Wort- und Klangverbindungen, die eine erhebende Wirkung auf den Rezitierenden und seine Umgebung haben. Sie haben ihren Ursprung in den heiligen vedischen Schriften und wurden von Meistern direkt aus dem göttlichen Licht empfangen.

Die reliefartig gearbeiteten Darstellungen zu beiden Seiten der Gittertür sind: links ein Gefäß mit Flammen als Symbol für Feuerzeremonien und rechts ein Wassergefäß mit Henkel als ein Zeichen für einen Yogi. Ein Gefäß dieser Art wird Kamandalu genannt und ist meistens aus Holz gefertigt.

Über dem Schrein steht eine Schrifttafel mit einem von Shree in Sanskrit verfassten Vers, der hier sinngemäß wiedergegeben ist:

„Lord Datta, der Sohn des Weisen Atri, der von Bhargawa, d.h. Lord Parshuram, verehrt wird, und die Göttin Tripurasundari, die Mutter des Universums, wohnen hier an diesem heiligen Ort. Dies ist wahrlich der heiligste Platz in der Welt, weil hier Lord Parshuram wohnt, welcher der Sohn und die Freude von Mutter Renuka ist."

In seinem Vers hebt Shree die Heiligkeit dieses Ortes hervor. Er erwähnt bedeutende Wesenheiten der indischen Mythologie, die im Guru Mandir ihren Wohnsitz haben, und macht auf diese Weise deutlich, dass hier höchste göttliche Lichtkräfte konzentriert sind.

Die Gedenkstätte erinnert an ein Ereignis im Jahr 1938, als Lord Parshuram unbemerkt und unerkannt in Gestalt eines Heiligen von hohem Wuchs und besonderer Ausstrahlung im Guru Mandir erschien. Er stand eines Abends gegen 19 Uhr in der Tempelhalle des Guru Mandir (s. Abb. 9), eine machtvolle Erscheinung, in ein weißes Gewand gekleidet, und hatte eine Axt bei sich, die in ein Axishirschfell eingewickelt war. Es war zur Zeit der abendlichen Andacht. Shree hielt sich im innersten Bereich des Tempels auf. Der Oberpriester trat auf den großen Mann zu, ohne in ihm Lord Parshuram zu erkennen. Dieser sagte:

„Wir wurden in der Familie von Jamdagni geboren. Wir reisen zu allen heiligen Stätten. Heute möchten Wir hier Essen zu Uns nehmen."

Jamdagni gilt in der Mythologie als Vater von Lord Parshuram. Die indische Sprache Marathi kennt keinen Begriff für ich, sondern verwendet stattdessen wir. Dies wurde in der deutschen Übersetzung übernommen. Aussagen, die von einer englischen Vorlage übersetzt wurden, stehen in der dort verwendeten Ich-Form.

Dieses Verhalten war ungewöhnlich für einen Pilger. Die Aufforderung wurde jedoch so machtvoll geäußert, dass niemand zu widersprechen wagte. Sofort wurde die unglaubliche Menge von 1 Kilogramm Reis gekocht, die der Heilige verlangt hatte. Seltsamerweise war der Reis bereits nach fünf Minuten gar. Der Pilger setzte sich an eine andere Stelle im Tempel (in Skizze 3 mit f gekennzeichnet) und aß in kürzester Zeit die gewaltige Portion auf. Niemand wagte ihn anzusprechen oder herumzugehen, während er aß. Anschließend begab sich der Heilige in den Vorhof und ordnete an, dass niemand herauskommen sollte. Sein Auftreten war so Respekt einflößend, dass dies ohne Frage hingenommen wurde. Als gegen 21 Uhr das Eingangstor des Guru Mandir abgeschlossen wurde, sah man ihn auf einem Stein sitzen. Der Vorhof war damals noch wie ein Garten gestaltet. Niemand hatte jemals zuvor hier im Math diesen Stein gesehen. Erst am nächsten Morgen gegen 5 Uhr wurde der Eingang wieder geöffnet. Zu dieser Zeit war der Heilige nirgends mehr zu sehen, obwohl das Tor die ganze Nacht über verschlossen war. Der Stein, auf dem er gesessen hatte, befand sich noch dort und trug den Abdruck einer Axt und eines Kuhhufes. Als Shree von der Begebenheit erfuhr, erklärte er, dass Lord Parshuram in der Gestalt dieses Pilgers das Guru Mandir besucht habe. Später wurden im Vorhof verschiedene Räume angebaut. Nahe bei der Stelle, wo sich Lord Parshuram aufgehalten hatte, ließ Shree seinen Essplatz einrichten (s. Abb. 38).

Auf der linken Seite dieser Abbildung ist vor der Kokospalme ein Wasserbecken zu sehen, das von einer unterirdischen Quelle gespeist wird. In Skizze 2 ist es mit q gekennzeichnet. Gangadhar Maharaj, der vor Shree Oberhaupt des Guru Mandir war, hatte bereits darauf hingewiesen, dass man an einer bestimmten Stelle einen Brunnen bohren sollte. Als Shree dies im Jahr 1974 veranlasste, kam in einer Tiefe von 135 Fuß (41 Meter) Sand wie von einem Flussbett zum Vorschein. Dies bestätigte die Vorgeschichte des Mandir, wie sie Shree geoffenbart wurde (s. Abb. 29).

Hier befand sich vor langer Zeit ein Ashram. Damals existierten drei Feuerstellen, Tretagni genannt. Es war der Ashram des Heiligen Jamdagni, des Vaters von Lord Parshuram. Ein Fluss versorgte damals die Bewohner und die Besucher mit dem notwendigen Wasser. Später verlagerte sich der Flusslauf. Heute wird in dem Becken Quellwasser aufgefangen, das als Trinkwasser dient. Hinter dem Brunnen sind die bei Abbildung 3 beschriebenen Räume zu sehen.

In dieser Umgebung fand in frühen Zeiten die Begegnung von Lord Parshuram mit Lord Ram und Sita statt.

Im Hintergrund blicken wir zwischen der schlanken Kokospalme und dem mächtigen Stamm des Banyan-Baumes auf das etwa 3 Meter hoch überbaute Eingangstor des Guru Mandir. Rechts davon ist jetzt auch das Schuhregal zu erkennen, das bereits bei Abbildung 2 erwähnt wurde.

Für die folgende Abbildung behalten wir den Standpunkt nahezu bei, jedoch wenden wir uns etwas nach rechts.

*Horst Heigl
auf dem Vorplatz des Ram-Tempels*

Abbildung 6
Schrein am Banyan-Baum und Tulsi-Turm

Der zuvor beschriebene Schrein ist hier links im Bild zu sehen. Rechts daneben ist noch ein Teil des Eingangs zur Küche und zum Essraum von Shree zu erkennen, der bei den Abbildungen 37 und 38 beschrieben wird. Über dem Eingang finden wir wieder die Inschrift Ram-Ram-Ashram.

Der gekachelte Turm im Vordergrund wurde eigens für die oben aufgestellte Tulsi-Pflanze errichtet. Tulsi, oder auch Tulasi, ist eine Basilikum-Pflanze mit dem botanischen Namen „Ocimum sanctum". Wie die Lotosblume wird sie als heilige Pflanze verehrt. Es heißt, dass sie Herz und Gemüt öffnet und die Kraft der Liebe und der Demut verleiht. Aufgrund dieser Eigenschaften ist die Tulsi-Pflanze Lord Vishnu und Lord Krishna gewidmet. Das Hare-Ram-Mantra, in dem Gott in seinen Erscheinungsformen als Lord Ram und Lord Krishna gepriesen wird, steht in roten Schriftzügen auf jeder Seite des Turmes. Schriftzüge dieses Mantras finden sich an einigen Stellen im Guru Mandir. Wie Gebete erheben Mantras das Gemüt zum Geistigen hin. Die meisten Mantras entstammen dem Sanskrit, der Sprache der Veden. Sie gilt als eine vollendete Sprache, die vor allem im Bereich der religiösen Erfahrungen über Ausdrucksmöglichkeiten verfügt, wie sie sonst nirgendwo zu finden sind. In ihr soll die „Aussage der Götter" eine Wohnstätte gefunden haben. Auch die Wirkung der Sanskritworte ist um ein Vielfaches stärker als die anderer uns bekannter Sprachen. Das Hare-Ram-Mantra wird noch bei späteren Abbildungen erwähnt werden. Man sagt, es wirke wie ein Opferfeuer, wie ein Yagna und verbrenne alle weltlichen Wünsche. Seine heiligen Silben Hare, Ram und Krishna symbolisieren die drei Feuer von Tretagni, der vedischen Feuerzeremonie, die Shree in vereinfachter Form für die heutige Zeit wieder belebte (s. Abb. 15).

Links neben dem Turm der Tulsi-Pflanze liegt etwas erhöht ein schwarzer Stein. Auf diesem Stein sitzend brachte Lord Parshuram die Nacht zu, als er im Jahr 1938 das Guru Mandir besuchte und Feuerzeremonien durchführte. Um von keiner Person berührt zu werden hatte er veranlasst, dass niemand den Vorhof betrat (s. Abb. 5). Heilige Personen, die ständig mit höchstem Licht verbunden sind, vermeiden ungewollte Berührungen mit anderen Menschen. Es würde für den Heiligen ein vorübergehendes Abklingen der Energie verursachen, das er in seinem hohen Verantwortungsbewusstsein für Lichtschwingung nur zulässt, wenn dem anderen Menschen damit wirklich gedient ist.

Im Gedenken an das besondere Ereignis, dass eines der höchsten Wesen diesen Ort mit seinem Besuch ehrte, benannte Shree diesen Gebäudeteil nach Lord Parshuram und gab ihm den Namen Ram-Ram-Ashram. Parashu-Ram bedeutet: der Ram mit der Axt. Das Geschehen veranlasste Shree auch, diese Stelle für seinen Wohnsitz auszuwählen.

Die kleine Statue auf dem gekachelten Absatz an der rechten Seite des Tulsi-Turmes stellt Hanuman dar, den treuen Diener von Ram in Gestalt eines Affen. Sein Wirken wird bei Abbildung 12 beschrieben.

Die Fläche des gekachelten Absatzes, auf welcher die Hanuman-Statue steht, ist so gearbeitet, dass ein kleines Becken mit einem Abfluss entstand, weil die Statue jeden Tag vom zuständigen Pujari mit geweihtem Wasser abgewaschen wird. Er führt die nach den Veden vorgeschriebenen heiligen Handlungen durch.

Über dem Tulsi-Turm ist ein mit Fensterläden geschlossenes Fenster zu sehen. Es gehört zum früheren Ruheraum von Shree im Obergeschoss. Halb vom Banyan-Baum verdeckt ist ein weiteres Fenster im Obergeschoss erkennbar, das zum Bad von Shree gehörte.

Unter dem Vordach befindet sich rechts vom Tulsi-Turm der Eingang zum Darshan-Raum (s. Abb. 8). Hier empfing Shree Besucher aus aller Welt zum Darshan, wie die Begegnung mit einem Heiligen in Indien genannt wird. Die Fenster zeigen auf den Vorhof, wie auch auf der folgenden Abbildung zu sehen ist.

Abbildung 7

Tulsi-Turm, Vordach zum Darshan-Raum

und Eingang zum Haupttempel

Diese Abbildung zeigt eine andere Ansicht des Tulsi-Turmes. Hier sieht man am Sockel hinter dem bei Abbildung 6 beschriebenen Stein eine Reliefdarstellung dreier aufgerichteter Kobras. Die Kobra, gleich ob eine oder mehrere dargestellt werden, symbolisiert die Kundalini. Diese schöpferische Energie, auch Schlangenkraft genannt, ruht am unteren Ende der Wirbelsäule eines jeden Menschen. Im Lauf seines langen geistigen Entwicklungsweges erfährt er eine intensive seelisch-geistige und auch körperliche Verfeinerung und Reinigung. Das macht ihn bereit für das Aufsteigen der Kundalini, die nach und nach die sieben verschiedenen Kraftzentren in der Wirbelsäule aktiviert, bis diese schließlich wie bei einem vollendeten Meister alle in ihrer höchsten Funktion wirksam sind; das heißt, dass sie reines Licht aufnehmen und dieses weiterleiten.[4,6] Die Aufwärtsbewegung der Lichtenergie in der Wirbelsäule ähnelt der Fortbewegungsart einer Schlange und führte so zu ihrem Namen Kundalini und ihrem Symbol. Auch in anderen Kulturen, wie zum Beispiel in Ägypten, ist die Schlange als Sinnbild der geistigen Entwicklung bekannt.

Unter dem Vordach zum Darshan-Raum hielt Shree lange Zeit einen grün gefiederten Papagei. Zusätzlich zu seinen unermesslichen Aufgaben hatte Shree auch dieses Wesen im Bewusstsein und fragte immer wieder nach, ob es auch gut versorgt werde. Der Papagei ist einer der Vögel, die den Klang der menschlichen Stimme erlernen können. Er stellte hier ein lebendiges Symbol dafür dar, dass durch Shree das Wissen der Veden und damit das Rezitieren von Mantras freigegeben wurde. Bisher war dies ausschließlich Brahmanen vorbehalten gewesen und wurde von ihnen wie ein Schatz gehütet. Für Nicht-Brahmanen war es unter Androhung von Strafen streng verboten Mantras zu rezitieren oder ihnen zuzuhören. Als Shree die Essenz des vedischen Wissens für alle Menschen zugänglich machte, ermöglichte er es jedem die erhebende Wirkung von Mantras zu erfahren.

Im Hintergrund sind die bereits bei Abbildung 2 erwähnten Eingänge zum Haupttempel zu sehen. Vor dem hier durch ein Gitter geschlossenen Eingang auf der linken Seite befindet sich der Platz, an dem die Füße von Shree gewaschen wurden, bevor er seinen Schlafraum aufsuchte.

Die Stufen des Eingangs zum Haupttempel wurden gern von Besuchern als Sitzplatz benutzt, weil von hier aus manchmal die Stimme von Shree zu hören war, wenn er sich im Darshan-Raum aufhielt.

Nur wenige Menschen, die aber aus vielen Nationen kamen, hatten Gelegenheit Shree zu begegnen. Nur manchen von ihnen war es gegeben zu ahnen, wem sie wirklich gegenüberstanden.

Die folgende Aufnahme gibt einen ersten Einblick in den Darshan-Raum.

[4,6] Die hochgestellten Ziffern beziehen sich auf die im Literaturverzeichnis genannten Buchtitel

Abbildung 8
Tulsi-Turm und Blick in den Darshan-Raum

Der Weg über den Vorhof des Guru Mandir führt den Besucher geradewegs zum Haupttempel. Zu bestimmten Tageszeiten wird jedoch der Blick bereits einige Meter vor den Treppenstufen zum Tempel abgelenkt. Dann steht auf der linken Seite, gleich neben dem Tulsi-Turm eine weiße Flügeltür offen, über deren Eingang sich der Wortlaut des Hare-Ram-Mantras befindet. Diese Tür gibt den Blick auf einen Raum frei, der ganz aus dem bisher geschilderten Bild des Vorhofs fällt. Warmes, goldenes Licht lässt den Besucher erwartungsvoll stehen bleiben. Ohne Zweifel spürt er unmittelbar die Erhabenheit, die ihm allein durch den kleinen Ausschnitt der geöffneten Tür entgegenstrahlt, und er ahnt, dass das Licht in diesem Raum für eine goldene, machtvolle und doch warme Ausstrahlung steht.

Bereits in den frühen Morgenstunden klang die Stimme von Shree aus dem Darshan-Raum, wo er Mantras rezitierte. Eine besondere Atmosphäre verbreitete sich dann im Math. Die meisten Menschen schliefen noch und nur ein kleiner Teil des Vorhofs wurde von dem Licht erhellt, das durch die geöffnete Tür aus dem Raum drang. Zu dieser Zeit war die Erhabenheit dieses heiligen Ortes besonders stark wahrnehmbar. Jeder Winkel im Guru Mandir schien die Kraft widerzuspiegeln, die durch Shree wirkte. Sie erhob denjenigen, der sie aufnehmen konnte, in bisher ungeahnte Bereiche seiner Empfindungen und ließ ihn an diesem Ort erleben, was für ihn bisher nicht denkbar war.

Hier im Darshan-Raum hielt sich Shree öfter am Tage auf, unter anderem um geistige Übungen zu praktizieren, vor allem aber um Besuchern und Ergebenen die Möglichkeit zu geben, der indischen Sitte und Tradition entsprechend einem hohen Meister Ehrerbietung zu zeigen und beim Darshan seinen Segen zu empfangen.

Bei der persönlichen Begegnung mit Shree fand für die Besucher das Erleben seinen Höhepunkt. Der Blick und der Segen von Shree erreichten die innersten Bereiche der Seele, ohne dass ein Wort gesprochen wurde. Er schien jeden Menschen gleichermaßen vom ersten Moment an in seinem ganzen Wesen zu erkennen. Vergangenheit, Gegenwart und Zukunft lagen offen vor ihm. Oft bedeutete ein Darshan bei Shree gleichzeitig einen Wendepunkt im Leben. Sein Licht bestrahlte mit besonderer Intensität die eigene göttliche Natur und vermittelte eine Ahnung davon, was durch seinen Segen verstärkt im Lauf des Entwicklungsweges erwachen kann. Je besser der Besucher auf die Begegnung mit göttlichem Licht vorbereitet war und ihm in tiefer Demut begegnete, umso mehr konnte sich sein Wesen der Lichtfülle öffnen, die ihn überschüttete. Der hier empfangene Impuls ließ ihn von da an vieles mit anderen Augen sehen, wenn auch das lichtvolle Erleben langsam wieder abklang.

Von außen fällt der Blick durch die Tür auf eine Statue aus Messing. Es ist ein Abbild der Mutter von Shree, Sonamata. Sie ist auf einem Thron sitzend dargestellt, der auf einem verzierten Steinsockel steht. Sonamata widmete sich von Jugend an sehr intensiv geistigen Übungen und erreichte einen hohen Zustand der Selbstverwirklichung. In Erinnerung an sie und ihr besonderes Leben (s. Abb. 25) existieren einige Darstellungen im Guru Mandir und in Shivapuri. Shree achtete stets darauf, seinen Eltern alle Achtung entgegenzubringen und so fanden Darstellungen seiner Mutter und seines Vaters - er war ebenfalls ein Yogi in einem sehr hohen Zustand der Selbstverwirklichung - auch einen Ehrenplatz im Darshan-Raum. Es ist der einzige Raum im Guru Mandir, der sofort durch seine besonders schöne Ausgestaltung auffällt. Ihm wenden wir uns bei den Abbildungen 27 bis 36 zu.

Sicher ist es kein Zufall, dass vor dem Darshan-Raum eine Tulsi-Pflanze steht. Wie schon beschrieben, symbolisiert sie die Kraft der Liebe und der Demut, unerlässliche Eigenschaften um das Höchste auf dem geistigen Weg zu verwirklichen. Hier muss man an ihr vorbei um zu Shree zu gelangen.

Abbildung 9

Innenraum des großen Tempels

Über drei niedrige Stufen betreten wir den großen Tempel im zweistöckigen Hauptgebäude des Guru Mandir. Bereits beim Bau dieses Tempels wurde offensichtlich, dass er sich an einem besonders gesegneten Ort erheben würde. Als man den Boden für die Grundmauern des Tempels beim Sanktuarium aushob, kam dort eine Statue der Göttin Tripurasundari zum Vorschein. Die heilige Darstellung schien nicht von Menschenhand gefertigt zu sein. Tripurasundari symbolisiert eine hohe, göttliche Kraft und steht in enger Beziehung zum Tripuri-Mantra. Hierüber wird bei Abbildung 19 ausführlich geschrieben.

In diesem hohen und offen gestalteten Raum finden wir die Verehrungsstätten und auch einige Grabstätten der Oberhäupter, die vor Shree das Guru Mandir leiteten. Sie wurden bereits zu Lebzeiten als Heilige verehrt, weil sie ein beispielhaftes Leben der Hingabe und Gottverehrung führten. Viele Menschen kamen zu ihnen um ihren Segen zu empfangen und ihnen Ehrerbietung zu erweisen. Auch heute noch sind ihre Gedenkstätten für Pilger wie auch für Einheimische immer wieder Gegenstand der Verehrung.

Für den gläubigen Hindu ist es selbstverständlich, sich vor einem gottverbundenen Meister oder auch vor seiner Gedenkstätte tief zu verneigen. Seine Hinwendung gilt nicht der Person, sondern dem Göttlichen, das durch den Meister wirkt und in seinem Leben zum Ausdruck kommt. In Indien werden besonders gottverbundene Menschen wie zum Beispiel die Oberhäupter des Guru Mandir meist bereits zu Lebzeiten erkannt und verehrt. Deshalb existieren überlieferte Begebenheiten, welche die Gottesnähe der Meister verdeutlichen. Manche persönlichen Gegenstände, die an solche Begebenheiten erinnern, finden sich dann an den Gedenkstätten der Meister wieder und erinnern den Suchenden an sein eigenes hohes Ziel.

Die Abbildungen 10 bis 13 widmen sich ausführlich dem Leben der Oberhäupter des Guru Mandir vor Shree und ihren Gedenkstätten.

In der Mitte des Hintergrunds dieser Aufnahme befindet sich hinter der reich verzierten, silbernen Tür die Gedenk- und Grabstätte von Balappa Maharaj, der mit dem Bau des Guru Mandir begann. Einige Meter davor wurde unter einer Baldachin-ähnlichen Überdachung auf der linken Seite eine Gedenkstätte für Swami Samarth errichtet. Auf seine Anordnung geht die Entstehung des Guru Mandir zurück. Schräg gegenüber fand auf der rechten Seite Gangadhar Maharaj, der vor Shree Oberhaupt des Guru Mandir war, seine Ruhestätte.

Die Grabstätte eines großen Heiligen wird in Indien Samadhi genannt. Es ist sein Samadhi. Das gleiche Wort bezeichnet einen durch Meditation erreichbaren, sehr hohen Zustand des Bewusstseins.

Außer diesen Gedenkstätten finden wir im Tempel Statuen, Symbole und Abbildungen, in denen nicht die Gegenstände selbst, sondern das Göttliche in seinen verschiedenen Aspekten verehrt wird. Christen verehren auch nicht die auf den Altären aufgestellten Statuen oder Reliquien, sondern wenden sich innerlich an das Heiligste - das Göttliche.

Die täglichen, heiligen Zeremonien richten sich nach der vedischen Tradition, die Shree genau befolgte. Er lebte ein ergreifendes Zeugnis allergrößter Demut. Shree, der selbst Höchstes verwirklichte, verneigte sich täglich wie andere an den Gedenkstätten seiner Vorgänger. Während seines allmorgendlichen Rundgangs zu den verschiedenen Gedenkstätten im Tempel wurde dafür gesorgt, dass er ungestört die heiligen Handlungen verrichten konnte. Zu allen übrigen Tageszeiten war der Tempel für die Öffentlichkeit zugänglich. Bereits um 5 Uhr morgens konnten Besucher an den Mantragesängen teilnehmen, mit denen der offizielle religiöse Tagesablauf begann.

Betreten wir den Tempel vom Vorhof her, so gehen wir zunächst auf die hölzerne Nachbildung einer Säule zu, die hier hinter einem Holzhocker steht. Im Original erhebt sich diese Yagna-Säule etwa 15 Meter hoch im 3 Kilometer entfernten Shivapuri. Dort ließ Shree sie als ständig Licht ausstrahlendes Wahrzeichen im Gedenken an die bedeutsame Feuerzeremonie des Somayaga 1969 erbauen. Dieses Ereignis ist im bereits erwähnten Bildband über Shivapuri ausführlich beschrieben. Das Replikat der Säule erhielt Shree als Geschenk von einem Ergebenen. Shree ließ sie dort aufstellen, wo Lord Parshuram im Jahr 1938 stand, als er in Gestalt eines Yogi im Guru Mandir erschien (s. Abb. 5).

Links hinter der Säule steht ein hölzerner Armlehnstuhl, der mit einem hellen Tuch ausgekleidet ist und in den ein Gemälde von Swami Samarth gestellt wurde. Dieser Peetham genannte Stuhl wurde vom Oberhaupt des Guru Mandir zu besonderen Anlässen benutzt. Für das Guru Purnima fand der „offizielle Sitz der Oberhäupter" Verwendung, worüber bei Abbildung 11 ausführlicher geschrieben wird.

Hinter diesem Stuhl blicken wir links auf die bereits erwähnte Gedenkstätte von Swami Samarth, die auf einem Ruhelager errichtet wurde, das dem Original ähnelt. Verschiedene Abbildungen sowie zwei hölzerne Figuren erinnern an diesen Meister und an Begebenheiten aus seinem Leben, die bei Abbildung 10 beschrieben werden.

Gegenüber befindet sich auf der rechten Seite die Gedenkstätte von Gangadhar Maharaj (s. Abb. 12). Sie ist auch sein Samadhi und von einer niedrigen Abgrenzung umgeben. Auf der Schrifttafel an der Säule rechts neben der Gedenkstätte sind alle Andachtszeremonien aufgeführt, die täglich im Guru Mandir verrichtet werden. Die Fotografie links hinter dieser Tafel zeigt Swami Samarth. Sie wird bei Abbildung 12 beschrieben.

Zwischen den beiden Gedenkstätten führen einige Stufen zu einem erhöhten Bereich. Es ist der Vorraum des Sanktuariums, des Garba Graha, wie das Allerheiligste eines Tempels genannt wird. Dort befinden sich einige Statuen, die bei Abbildung 11 beschrieben werden. Auch eine Kopie der anfangs beschriebenen Statue der Göttin Tripurasundari wird hier aufbewahrt. Das Original steht im Inneren des Allerheiligsten, wo sich gleichzeitig auch die Samadhi genannte Grabstätte von Balappa Maharaj befindet. Die reich verzierte Tür ist auf dieser Abbildung geschlossen. Die Abbildung 11 gibt einen Einblick in das Garba Graha.

Der Tempel ist nicht nur in religiöser, sondern auch in baulicher Hinsicht eine Besonderheit im Guru Mandir. Er ist nicht - wie sonst bei religiösen Räumlichkeiten üblich - in sich abgeschlossen, sondern offen. Er ist innerhalb des gesamten Gebäudekomplexes so gelegen, dass er oft durchquert wird, weil er die einzige Verbindung zwischen verschiedenen Teilen des Guru Mandir darstellt. Diese Offenheit des Raumes stellt eine natürliche Brücke zwischen dem Alltagsleben und dem religiösen Leben dar. Beides ist hier untrennbar und selbstverständlich miteinander verbunden.

Die Geländer links und rechts oben im Bild gehören zu einer Galerie, die über eine Treppe gleich rechts neben dem Haupteingang des Tempels zu erreichen ist.

Es war immer ein besonderes Erlebnis für Besucher des Guru Mandir, wenn sie während ihres Aufenthalts hier oben übernachten durften; die Männer rechts und die Frauen links. Bereits frühmorgens konnten sie den Mantragesängen im Tempel lauschen und wurden beständig eingehüllt von einer Atmosphäre der Heiligkeit und Hingabe, die hier ständig wahrnehmbar ist.

Die drei Gemälde links und rechts unterhalb der Galerie zeigen Darstellungen von Swami Samarth.

Zwischen zwei Säulen - hier auf der Abbildung nicht sichtbar - wurde in Erinnerung an eine außergewöhnliche und bedeutungsvolle Begebenheit in Shrees Leben eine besondere Gedenkstätte, das Veden Mandir, errichtet. Ihr widmen wir uns bei den Abbildungen 14 bis 16. In Skizze 3 ist der Standort des Veden Mandir mit e gekennzeichnet.

Bevor wir uns den Gedenkstätten der Meister des Guru Mandir und überlieferten Begebenheiten ihres bedeutungsvollen Daseins zuwenden, soll Skizze 3 einen Überblick über die Lage der heiligen Stätten im Haupttempel vermitteln.

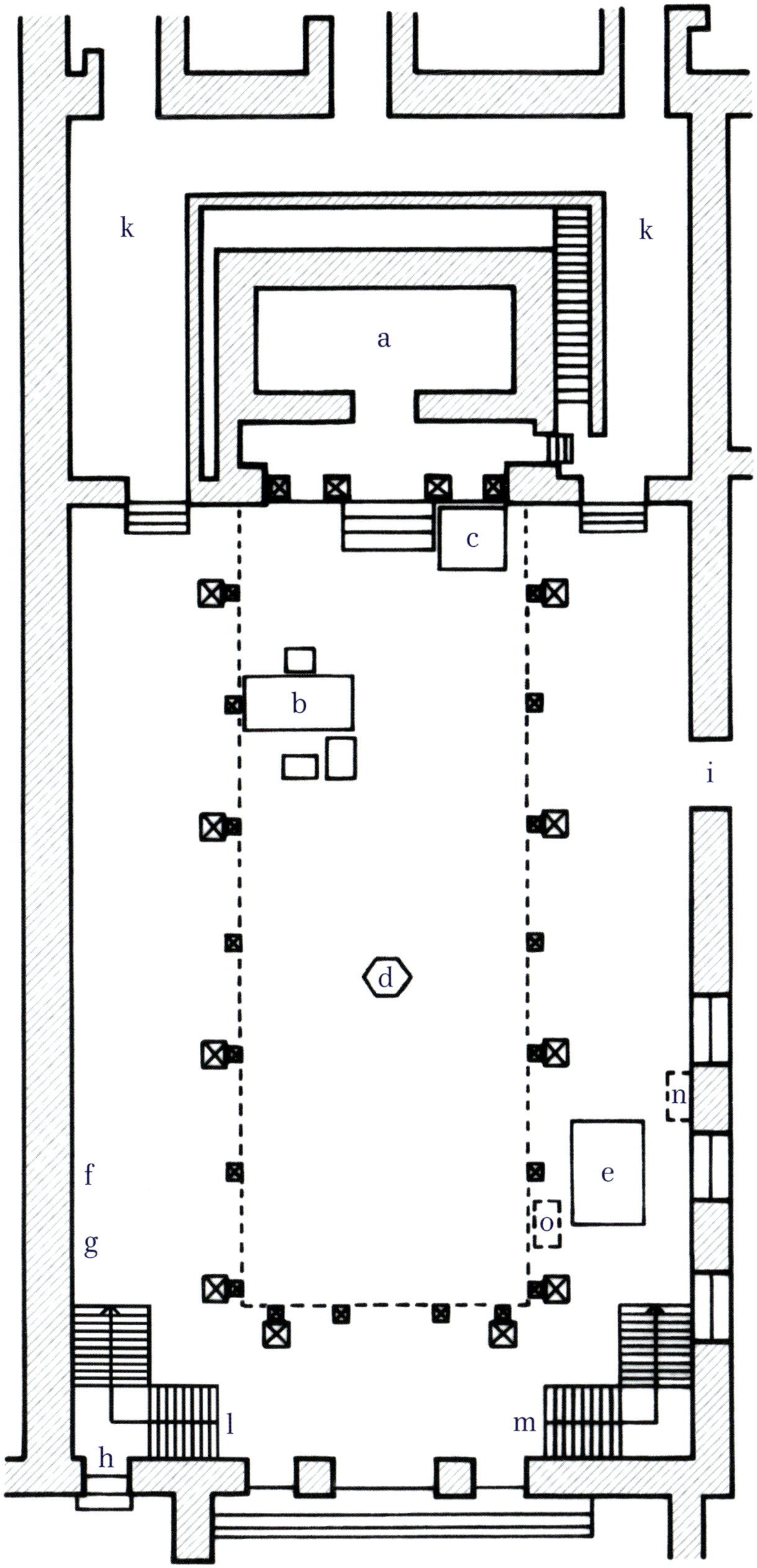

Skizze 3: Haupttempel
Untergeschoss
nicht maßstäblich gezeichnet

Die Skizze veranschaulicht die Lage der Gedenkstätten und die jeweiligen Zugänge zu den verschiedenen Gebäudeteilen des Guru Mandir.

Rechts zwischen den Säulen hindurch gelangt man zu dem Durchgang, der zum Ram-Tempel führt. Er ist in der Skizze mit i gekennzeichnet.

Hinter den Säulen führen geradeaus zwei Durchgänge zur Küche und zu weiteren Räumen. In der Skizze sind diese Durchgänge mit k vermerkt.

An dem mit f gekennzeichneten Platz saß Lord Parshuram während seines Aufenthaltes im Guru Mandir und nahm eine Mahlzeit zu sich. Dieses Ereignis wurde bei Abbildung 5 erwähnt.

Mit g ist die Stelle gekennzeichnet, an welcher sich das Gemälde von Shri Upasni Maharaj (sprich: Schri Upaschni Maharadsch) befand. Dieses wird bei Abbildung 26 beschrieben.

a Garba Graha - Allerheiligstes des Haupttempels
b Gedenkstätte Swami Samarth
c Gedenkstätte Gangadhar Maharaj
d Replikat der Yagna-Säule
e Veden Mandir
f Platz, an dem Lord Parshuram saß
g Gemälde Shri Upasni Maharaj
h Eingang zum Darshan-Raum
i Durchgang zum Nebenhof mit dem Ram-Tempel
k Durchgang zu Küche, Speiseräumen und weiteren Räumen
l Treppenaufgang zu den Räumen von Shree im Obergeschoss
m Treppenaufgang zur Galerie
n Dharma Mandir auf der Galerie
o Schrein schräg gegenüber dem Dharma Mandir

Abbildung 10

Shri Swami Samarth gewidmeter Platz

Diese Aufnahme zeigt einen Ausschnitt aus Abbildung 9, die Gedenkstätte von Swami Samarth. In Skizze 3 ist dieser Platz mit b gekennzeichnet.

Swami Samarth ließ sich nach längerer Wanderschaft im Jahr 1856 in Akkalkot nieder, wo er bis zu seinem Weggang von der Erde weitere 22 Jahre verbrachte. Aufgrund seiner außergewöhnlichen Persönlichkeit und seiner Beliebtheit wurde er auch Akkalkot-Swami genannt. Er hielt sich hauptsächlich im Haus seines Ergebenen Cholappa auf; mitunter wohnte er auch im Palast des Rajas von Akkalkot (Raja ist die Bezeichnung für einen König). Einige Zeit bevor er seinen Körper verließ, richtete er an seinen Schüler Balappa Maharaj den Wunsch ein Math zu errichten und seine geistige Aufgabe fortzuführen. Balappa Maharaj folgte dem Wunsch seines Meisters und erbaute später das Guru Mandir.

Für die Ausstattung der Gedenkstätte von Swami Samarth wurde ein ähnliches Ruhelager verwendet wie das, auf dem er in späteren Jahren einen Großteil des Tages verbrachte. Die Liegefläche bestand nur aus Holz, worauf eine einfache Decke gelegt wurde. Swami Samarth war so bedeckt, dass stets seine Füße frei blieben, um es allen eintreffenden Pilgern zu ermöglichen sein Fußdarshan zu haben.

In Indien besteht bei der Begegnung mit einem Meister oftmals die Gelegenheit respektvoll seine Füße zu berühren. Dies ist nicht nur eine Geste der Verehrung, sondern lässt den Ergebenen einen Teil der Lichtenergie aufnehmen, die der Meister hier ausstrahlt. Bei einem verwirklichten Meister ist der Kraftstrom von Kopf und Füßen umgekehrt wirksam. Während die Füße sonst Energie saugen und der Kopf diese ausstrahlt, ist es bei einem selbstverwirklichten Meister so, dass von seinen Füßen ein starker Energiestrom ausgeht! Es gilt als ein besonderes Geschenk eines Meisters an seine Ergebenen, wenn sie sein Fußdarshan haben können und dabei mit Händen oder Stirn seine Füße berühren und diese hohe Energie aufnehmen dürfen.

Auf dem Ruhelager befinden sich drei Bilder, wovon das mittlere eine Zeichnung ist. Sie zeigt Swami Samarth so, wie er meist gesehen wurde: aufgestützt auf seinem Bett liegend, mit einem Lendentuch bekleidet und um den Hals Gebetsketten aus Beeren der als heilig geltenden Pflanzen Rudraksha und Tulsi.

Die farbige Abbildung rechts neben der oben beschriebenen Zeichnung zeigt eine Darstellung von Narasimha Saraswati. Auf der linken Seite ist die Fotografie einer Statue von Lord Dattatreya zu sehen. Er symbolisiert in der indischen Mythologie die vereinte Macht von Brahma, Vishnu und Shiva, das heißt die drei Aspekte des Weltgeschehens Schöpfung, Erhaltung und Vergehen. Sehr oft wird Lord Dattatreya in Begleitung von einer Kuh und vier Hunden abgebildet. Dabei versinnbildlicht die Kuh die Erde, während die vier Hunde stellvertretend für die Veden stehen. Lord Dattatreya gilt als Bewahrer der Veden und Wiedererwecker vedischer Bräuche. Auf ihn geht die Tradition des Datta Sampradaya zurück, eine der ältesten und umfassendsten religiösen Traditionen Indiens, die auch von den Meistern des Guru Mandir vertreten wurde. Hierin ist die gesamte Schöpfung ein sichtbarer Ausdruck des Allmächtigen und stellt in ihren täglichen Begebenheiten und Veränderungen einen geistigen Lehrer dar. Die Aufgabe der Menschen ist es, den wahren Ursprung von allem zu erkennen und ihre eigene göttliche Natur zu verwirklichen. Um das zu erreichen bedarf es letztlich der Hilfe eines vollendeten Meisters, eines Sadguru. Entsprechend der Tradition des Datta Sampradaya widmeten sich die Meister des Guru Mandir besonders der Aufgabe den geistigen Aspekt in das tägliche Leben einzubeziehen und die Hinwendung zum Göttlichen wieder zu erwecken beziehungsweise zu verstärken.

In der religiösen Geschichte Indiens wird von mehreren Verkörperungen von Lord Dattatreya berichtet, wie zum Beispiel Shripad Shrivallabh, Shri Narasimha Saraswati, Shri Manik Prabhu und letztendlich Shri Swami Samarth.

Zu Ehren von Lord Dattatreya wird an jedem Donnerstag die als Pradakshina bezeichnete Zeremonie durchgeführt. Dabei werden, begleitet von Mantragesängen, die Padukas (Sandalen) von Lord Dattatreya fünfmal im Uhrzeigersinn um das Garba Graha herumgetragen.

Über der Zeichnung im Querformat ist eine mit Blumengirlanden geschmückte Statue zu sehen. Sie stellt ebenfalls Swami Samarth dar.

Das höher gestellte Bild dahinter zeigt ihn mit einer Tabakspfeife. Diese Darstellung sowie die beiden Wachsoldaten aus Holz erinnern an eine Begebenheit, die sich an einem außerhalb von Akkalkot stationierten Fahnenposten ereignete: Der Swami hatte dort während eines Aufenthaltes die Aufmerksamkeit eines moslemischen Soldaten auf sich gezogen, der ihn als Meister prüfen wollte. So bot er Swami Samarth eine leere Tabakspfeife an. Der Swami begann ohne Zögern die leere Pfeife anzustecken und sie genüsslich zu rauchen. Dies setzte den Soldaten in großes Erstaunen und ließ ihn seine Torheit und Frechheit erkennen. Er entschuldigte sich sogleich in aller Demut.

Im Vordergrund ist eine Glasvitrine zu sehen, in der Sandalen aus Silber ausgestellt sind. Durch die Spiegelung des Glases erkennt man sie hier nur andeutungsweise. Die Padukas, welche Swami Samarth selbst getragen hat, befinden sich unter der Nachbildung aus Silber. Da die Füße eines hohen Meisters reines Licht ausstrahlen, werden auch seine Sandalen verehrt, weil sie mit dieser hohen Energie aufgeladen sind.

Überlieferten Beschreibungen der äußeren Erscheinung von Swami Samarth ist zu entnehmen, dass sein Antlitz immer Seligkeit ausstrahlte und um sein Haupt ein besonderer Glanz wahrzunehmen war. Er soll jung ausgesehen haben, obwohl sein erstes Auftreten in bereits fortgeschrittenem Alter geschah. Sein Antlitz wird als hübsch und von weizengoldener Hautfarbe beschrieben. Der Blick sei stets hell und frisch gewesen. Swami Samarth war von großer, erhabener Gestalt und breitschultrig. Er rezitierte oft Mantras, sprach jedoch darüber hinaus wenig.

Aus dem Leben von Swami Samarth sind viele Ereignisse bekannt, die seine Größe ahnen lassen. Schon sein Name „Samarth" bedeutet „alles tun können" und es ist durch viele Begebenheiten belegt, dass er diesen Namen zu Recht trug. Swami ist ein ehrenvoller Titel für eine heilige Person, ähnlich dem Titel Maharaj (Maha = groß, Raj = König). Wenn dem Titel Swami und dem Namen zusätzlich die Bezeichnung eines Yogi-Ordens beigefügt ist, bedeutet dies, dass formal das heilige Gelübde der Yogis - Sanyas - abgelegt wurde. Diese Person gehört als Yogi dem entsprechenden Orden an und lebt nach den festgelegten Regeln. Soweit dies einen Orden der Adi-Shankara-Tradition betrifft, endet der zweite Name auf -anand oder -ananda.

Die Herkunft von Swami Samarth ist mit außergewöhnlichen Umständen verbunden und mag auf diejenigen, welche mit der östlichen Mythologie gänzlich unvertraut sind, seltsam wirken. So wird erzählt, dass die zweite Wiedergeburt von Lord Dattatreya, Shri Narasimha Saraswati, sich nach seinem Wirken in Ganagapur bei Sholapur in den Himalaya zurückzog. Dort versetzte er sich an einem Platz im Wald in den hohen Bewusstseinszustand des Samadhi. In diesem Zustand saß er nun bewegungslos und mit der Zeit begannen Ameisen einen riesigen Hügel um und über seinen Körper zu bauen. Etwa 350 Jahre später soll der Yogi durch den Axthieb eines im Wald tätigen Holzfällers aus dem Zustand des Samadhi erweckt worden sein und zu dem erschrockenen Mann gesprochen haben:

„Nun, sorge dich nicht um das, was eben geschah. Die Zeit ist für mich gekommen, in der Welt wieder zu erscheinen und meine geistige Mission wieder aufzunehmen. Es ist Gottes Wille!"

Shri Narasimha Saraswati, später als Swami Samarth bekannt, hielt sich in verschiedenen Gebieten des Himalaya auf - es war die Zeit um 1758 -, bevor er sich in die Ebenen begab. Von 1838 an blieb er für etwa 12 Jahre in Mangalvedha. Dies ist ein durch die Besuche vieler Heiliger geweihter Ort im Bezirk Sholapur, etwa 90 Kilometer westlich von Akkalkot.

Während seiner der Überlieferung nach nahezu hundertjährigen Wanderschaft verbreitete sich sein Ruf als Wiedergeburt von Lord Dattatreya überall. Er selbst soll sein Wirken verglichen haben mit einer Wolke, die umherzieht um Wasser über verdorrtem Land zu vergießen. So sei er auf der Reise um Segen über alle zu bringen.

Swami Samarth widmete sich den wahrhaft geistig Suchenden und gab ihnen manchen wichtigen Schlüssel für ihren Fortschritt. So lehrte er zum Beispiel, dass durch ergebenen Dienst ohne Erwartung von Anerkennung und durch Erfüllung von Pflichten im Geiste der Selbstlosigkeit der Egoismus verschwindet. Dies erweitert das Erkenntnisvermögen und lässt das Gemüt heiter, weit und mitteilsam werden. Er betonte, wenn das Gemüt geläutert ist, sollte man einen vollkommenen Meister aufsuchen und ihm dienen. Dies gewährleistet geistigen Fortschritt.

Mehrmals bewirkte Swami Samarth, dass heilige Orte für alle Menschen zugänglich wurden, ohne dass jemand materielle Vorteile daraus ziehen konnte. Viele Ereignisse, welche die Größe von Swami Samarth ahnen lassen, sind in Büchern festgehalten.

In allen Gegenden, durch die die Wanderschaft von Swami Samarth führte, war er als „Wundermann" bekannt. Es wird von zahlreichen Heilungen im Laufe seines Lebens berichtet und es sind auch Fälle bekannt, in denen der Swami den Tod von seinen Schülern fern hielt und ihr Leben verlängerte. Ein in hohem Maße verwirklichter Meister ist mit dem Göttlichen so stark verbunden, dass ihm die Elemente gehorchen und er über geistige Fähigkeiten verfügt, die über unser menschliches Vorstellungsvermögen zunächst hinausgehen. All diese Fähigkeiten beruhen auf kosmischen Gesetzen und haben keineswegs mit Scharlatanerie oder Magie zu tun. Wahre Meister bedienen sich dieser Fähigkeiten niemals als Zurschaustellung, sondern nur dann, wenn es im Einklang mit dem göttlichen Willen und für die geistige Entwicklung hilfreich ist.

Nachdem sich Swami Samarth in Akkalkot niedergelassen hatte, hielt er sich hier und in der Umgebung an verschiedenen Plätzen auf. Manchmal war er Gast im königlichen Palast. Einige Zeit verbrachte er unter einem Banyan-Baum, wo später ein großer Tempel errichtet wurde. Nach und nach nahmen viele Menschen die Mühe auf sich, selbst weite, beschwerliche Wege zum Swami zurückzulegen. Ergebene, die früher den etwa 40 Kilometer entfernten Pilgerort für Lord Dattatreya, Ganagapur, aufgesucht hatten, kamen nun auch beständig nach Akkalkot. Von morgens bis spät abends kamen täglich zweitausend bis dreitausend Besucher um dem Akkalkot-Swami Achtung zu erweisen und Segnung und Läuterung zu erfahren. Viele konnten aus den oft einprägsamen Begegnungen mit ihm ihrem Leben eine bedeutende Veränderung zum Geistigen hin geben. Gelegentlich besuchte Swami Samarth seine ihm ergebenen Anhänger in ihren Wohnungen und zu besonderen Anlässen die Grabstätten der Moslems.

Das manchmal merkwürdig anmutende Verhalten von Swami Samarth wurde von ihm inszeniert um seinen Schülern spezielle Lehren zu erteilen. Es geschah immer zum Besten seiner Ergebenen und ohne deren freien Willen zu beeinflussen. Seine Handlungen waren stets bestimmt von der Übereinstimmung mit dem göttlichen Willen und dem Respekt gegenüber den religiösen Traditionen. In diesem Sinn vollzog er auch die Bestimmung seines Nachfolgers.

Eines Tages rief er Balappa Maharaj zu sich. Balappa hatte sich, nachdem seine Suche nach einem vollendeten Meister bei Swami Samarth endete, ganz in den Dienst an seinen Meister gestellt. Nun gab Swami Samarth Balappa Maharaj einen goldenen Ring mit dem eingravierten Namen Swami Samarth. Dazu sprach er die folgenden Worte:

„Ich vermache dir hiermit mein eigenes Abzeichen.
Du sollst die geistige Fackel weiterhin leuchten lassen.
Du wirst meine Arbeit weiterführen.
Du wirst der Hüter des geistigen Wohlbefindens
der Menschen sein.
Ich segne dich in der Erfüllung dieser Aufgabe."

Swami Samarth überreichte Balappa Maharaj auch seine eigene Rudraksha-Perlenkette sowie sein Kaupin (Lendentuch), ein Symbol der Entsagung, und seine Sandelholz-Padukas. Außerdem gab er Balappa Maharaj eine safranfarbene Flagge und richtete den Wunsch an ihn, ein Guru Mandir zu errichten und dort seine geistige Aufgabe fortzuführen. Ausführlicheres zum Wirken von Balappa Maharaj beinhaltet die Beschreibung zur Abbildung 11.

Swami Samarth kündigte wiederholt an, dass er bald aus dem Leben gehen werde. Als sich Ergebene um sein Wohlbefinden sorgten, erwähnte er, dass es Zeit für ihn sei zu gehen, und er nahm deshalb keine der für ihn zubereiteten

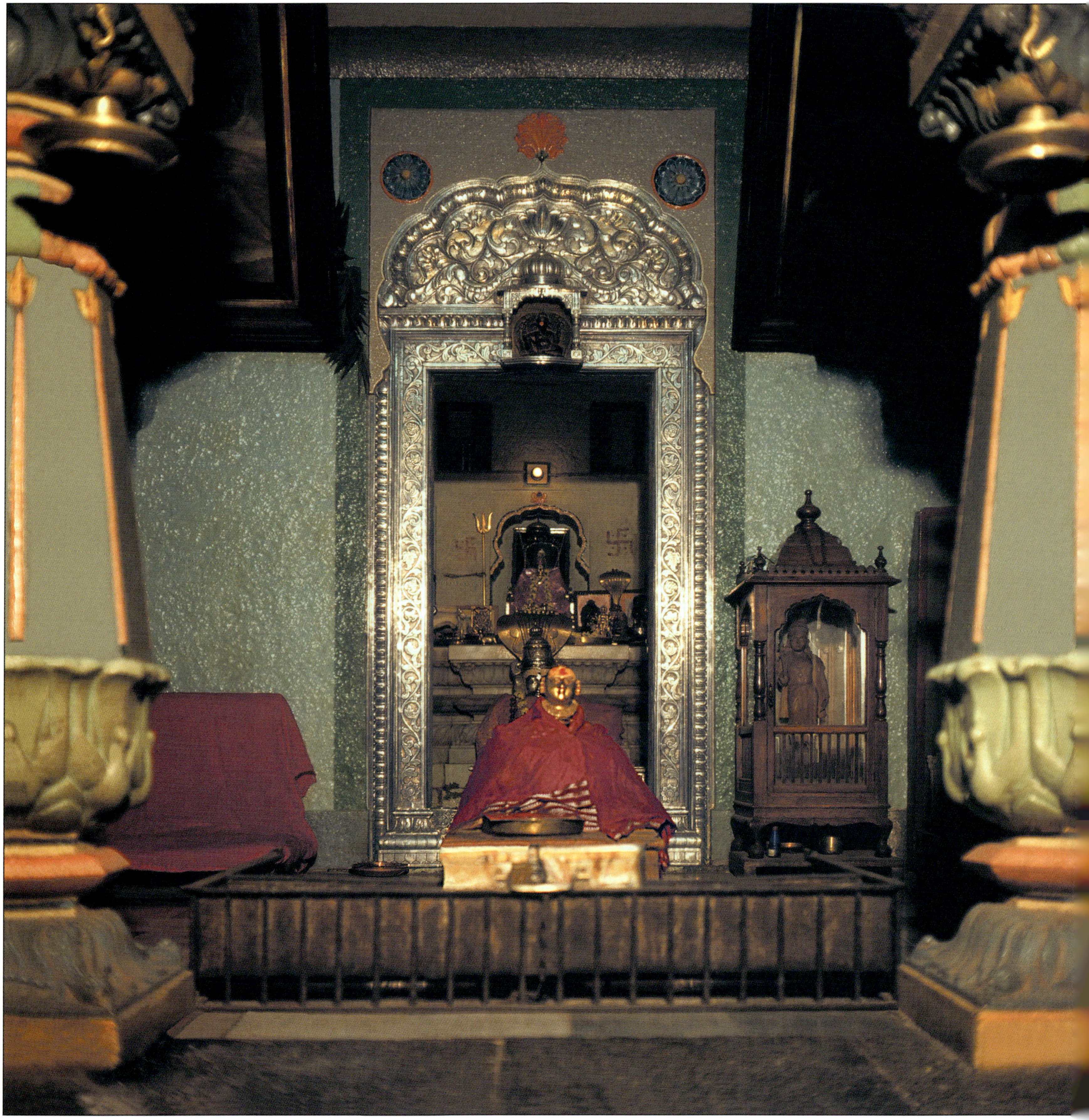

Arzneien zu sich. Trotz seines gesundheitlichen Zustandes behielt der Swami seine Heiterkeit bei und erteilte vielen der Anwesenden wohlwollende Ratschläge für die Zukunft. Als die letzte Stunde von Swami Samarth nahte, war es sein Wunsch, dass anstelle einer religiösen Zeremonie eine Kuh und ihr Kalb ins Freie gelassen werden sollten. Sofort nachdem dies ausgeführt worden war, liefen die beiden Tiere zu Swami Samarth, umkreisten sein Bett, berührten mit ihren Köpfen seine Füße und entfernten sich langsam, immer wieder zum Swami zurückblickend, als ob sie nicht gerne von hier fortgehen wollten.

Unter einem Banyan-Baum in Akkalkot sprach Swami Samarth in der Haltung des Lotossitzes, genannt Padmasana, seine letzten Worte:

„Niemand sollte weinen. Ich werde immer überall gegenwärtig sein. Ich werde jeden Ruf der Ergebenen erwidern."

Danach schloss er seine Augen und es wird berichtet, dass drei weiße Funken aus seinem Mund schlugen. So war Swami Samarth am 15. April 1878 in den Zustand des Mahasamadhi eingegangen, wie bei einer geistig hochverwirklichten Seele der bewusste Weggang von der Erde genannt wird.

Auch der Raja von Akkalkot trug dazu bei, den Körper von Swami Samarth unter allen Ehren in die bereits vorgesehene Gruft im Hause seines Ergebenen Cholappa zu bringen. Bei dem Banyan-Baum, wo Swami Samarth die Bande des menschlichen Körpers sprengte, entstand eine Gedenkstätte.

Es gibt einige weitere Guru Mandirs in Akkalkot und anderen Orten des Landes, die auf Wunsch von Swami Samarth oder auch aus eigenem Antrieb von Schülern und Ergebenen entstanden. Oft sind es Padukas oder andere Gegenstände des Swamis, die dort - segensreiche Schwingungen ausstrahlend - als Objekte der Verehrung aufbewahrt werden.

Abbildung 11
Blick in das Allerheiligste des Guru Mandir

Diese Aufnahme führt uns an das Allerheiligste des Guru Mandir, das Garba Graha, und seinen Vorraum. In Skizze 3 ist dieser Teil mit a gekennzeichnet.

Dieser höher gelegene und durch Säulen abgeteilte Bereich war ausschließlich Shree auf seinem täglichen Rundgang zu den Gedenk- und Gebetsstätten vorbehalten. Auch jene Person, welche die heiligen Handlungen gemäß der vedischen Tradition ausführte, durfte diesen Teil des Tempels betreten. Für Besucher jedoch war und ist es ein Bereich, dem sie mit größter Achtung und aus der Entfernung begegnen.

Vor der geöffneten Tür zum Garba Graha steht eine Darstellung von Tripurasundari. Es ist eine Kopie der Statue, die beim Aushub des Garba Graha gefunden wurde (s. Abbildung 9). Zur Zeit der Aufnahme war sie mit einem roten Umhang geschmückt. Der silberne Behälter vor ihr enthält Opfergaben wie Reis und Farbpulver. Das Original dieser Statue befindet sich im Inneren des Allerheiligsten.

Rechts neben der Statue steht eine Sandelholzfigur in einer hölzernen Vitrine. Sie stellt Lord Parshuram dar. Er zählt in der indischen Mythologie zu den sieben unsterblichen Wesenheiten, zu den ewigen Inkarnationen. Die Axt ist das Symbol, mit dem er meistens dargestellt wird. Sie ist ein Zeichen dafür, dass in Lord Parshuram die göttliche Kraft wirkt, die Unwissen und Unwahrheit beseitigt. Auf dieser Darstellung trägt er die Axt und dazu den Bogen von Lord

Vishnu als Symbol für die bewegende Kraft, aus der das Universum entstand.

Links neben der Statue von Tripurasundari befindet sich der offizielle Sitz der Oberhäupter des Guru Mandir. Der schlichte, niedrige Holzschemel mit einer Lehne ist mit einem roten Tuch bedeckt, das während der täglichen Zeremonien im Tempel gewechselt wird. Am Festtag des Guru Purnima saß Shree wie vor ihm Gangadhar Maharaj auf diesem Schemel um den Ergebenen und Pilgern Gelegenheit zu geben, ihm ihre Ehrerbietung zu erweisen. Guru Purnima wird einmal im Jahr gefeiert. Es ist der Tag, an dem jeder Ergebene dem Meister, der ihm nahe steht, seine Verehrung erweist. Oft pilgert er viele Kilometer um an diesem Tag persönlich beim Meister zu sein.

Auf beiden Seiten des Eingangs zum Allerheiligsten hängt jeweils ein Gemälde, wovon hier nur ein Teil der Rahmen zu sehen ist. Sie wurden in der Zeit, als Gangadhar Maharaj Oberhaupt des Math war, hier angebracht und stellen links Swami Samarth und rechts Balappa Maharaj dar. Der Künstler, der sie malte, kam im Jahr 1905 nach Akkalkot. Es wird erzählt, dass er mit den beiden Gemälden, so wie er sie zunächst zu malen begonnen hatte, nicht recht zufrieden war. Daher wandte er sich im Gebet an Swami Samarth und legte sich danach zur Ruhe. Als er am anderen Morgen erwachte, seien beide Gemälde zu seiner vollsten Zufriedenheit vollendet gewesen.

Durch den reich verzierten, mit Silber beschlagenen Türstock, der in der Mitte eine Ganpati-Darstellung aufweist, werfen wir nun einen Blick in den innersten Schrein, der auch der Samadhi von Balappa Maharaj ist. Wie so oft findet man auch hierin wieder eine Parallele zur christlichen Religionskultur. Die Gebeine von großen Heiligen werden häufig in Kirchen und Domen aufgebahrt, wo ihnen die Gläubigen ihre Verehrung entgegenbringen. Auch Gegenstände oder Kleidung, mit denen die Heiligen in Berührung waren, werden entsprechend aufbewahrt und mit Verehrung behandelt. Hier im innersten Schrein des Guru Mandir befinden sich alle Gegenstände, die Swami Samarth seinem ergebenen Schüler Balappa Maharaj mit dem Wunsch anvertraute, unter dem Audumber-Baum ein Guru Mandir zu errichten.

Über der Grabstätte von Balappa Maharaj wurde in der Mitte des Schreins ein Lingam aufgestellt. Es wird Mukha-Lingam genannt und hat die gleiche Bedeutung wie ein Shiva-Lingam. Ein Lingam stellt eine Ausdrucksform der Kräfte von Lord Shiva dar. Dem Lingam im Schrein gab der Künstler die Gestalt von drei Gesichtern, welche das Schöpfungsprinzip der Dreiheit symbolisieren, und zierte es mit dem in Bronze gestalteten Haupt einer fünfköpfigen Kobra. Wie bereits bei Abbildung 7 beschrieben, versinnbildlicht die Kobra die Kundalini. Das ist die schöpferische Energie, welche unten in der Wirbelsäule eines jeden Menschen ruht und bei selbstverwirklichten Meistern nach oben steigt. Die fünf Köpfe der Kobra stehen für die Gesamtheit der Elemente: das Urelement Akasha und die vier Elemente Feuer, Luft, Wasser und Erde, die aus ihm hervorgegangen sind.

Über dem Haupt der Kobra ist eine Statue von Swami Samarth zu sehen, geschmückt mit einem roten Umhang und einer Blumengirlande. Rechts und links neben der bogenförmig umrandeten Wandnische, in der sie steht, sind mit roter Farbe Swastikas aufgemalt. Dieses uralte Symbol wird in verschiedenen Religionen verwendet und steht für die Einheit von allem Existierenden, aber auch für das Unendliche, Ewige. Es gilt in seinem ursprünglichen Sinn und bei richtiger Anwendung als Glück verheißendes Zeichen. Als ein Symbol für Lord Shiva steht links ein goldener Dreizack.

Zum Leben und Wirken von Balappa Maharaj liegen nicht so umfangreiche Überlieferungen vor wie zum irdischen Dasein von Swami Samarth. Dennoch lässt sich aus dem, was über Balappa Maharaj bekannt ist, erahnen, mit welch beispielhafter Hingabe er die Nachfolge von Swami Samarth in der unermesslich umfangreichen Dattatreya-Tradition ausfüllte.

Im Jahr 1836 kam Balappa in einer wohlhabenden Familie in Haveri Taluka im Bezirk Karnataka zur Welt. Es war ursprünglich das Land der Kanaresen, heute ein Teil von Maisur in Südindien. Er wurde als Geldverleiher und Juwelier einer der reichsten Männer der Gegend. Seine Sehnsucht nach dem Geistigen war jedoch so groß, dass er im Alter von etwa dreißig Jahren Wohlstand und äußere Sicherheit aufgab. Von da an zog er Almosen bettelnd durch das Land.

Seine tiefe Verehrung galt zu dieser Zeit Shri Narasimha Saraswati, einer Wiedergeburt von Lord Dattatreya. Im Zeitraum um 1867 erhielt Balappa wiederholt Träume mit dem Hinweis, dass er sich nach Akkalkot begeben solle. Es wird berichtet, dass er in einem Traum eine Begegnung mit Swami Samarth hatte. Daraufhin machte er sich sogleich zu Fuß auf den Weg in Richtung Akkalkot. In Kashbag fand kurze Zeit später die erste persönliche Begegnung zwischen Balappa und Swami Samarth statt. In demselben Moment, als ihre Blicke sich begegneten, erschien die Gestalt von Swami Samarth genau so vor Balappas Augen, wie er ihn in der Traumvision gesehen hatte. Erkennend, dass seine Suche nach einem vollkommenen Meister hier bei Swami Samarth endete, legte sich Balappa lang gestreckt zu seinen Füßen. Auch Swami Samarth zeigte große Freude über die Begegnung mit Balappa.

Die Aufgaben von Swami Samarth veranlassten ihn seine Reise fortzusetzen. Balappa konnte ihn nicht begleiten und widmete sich weiterhin strikt geistigen Übungen. Schließlich ergab sich wieder die Möglichkeit der Begegnung mit dem Meister, den er sehr vermisst hatte. Balappa brachte ihm nach hinduistischer Tradition Datteln dar. Swami Samarth segnete die Früchte und verteilte sie traditionsgemäß als Prasad (Geschenk) an alle Anwesenden, ausgenommen Balappa. Das machte Balappa zunächst betroffen, jedoch erfuhr er danach, dass es die Gewohnheit von Swami Samarth war, die gesegneten Früchte nicht an diejenigen zu verteilen, die er in seiner Nähe behalten wollte. Dies zu wissen erfüllte Balappa mit Glückseligkeit.

Er begann nun sich ganz in den Dienst von Swami Samarth zu stellen. Dabei war ihm keine Mühe zu groß und keine Arbeit zu niedrig. Bald gehörte es zu seinen Aufgaben für die Erfüllung der Aufträge von Swami Samarth zu sorgen. Ebenso hatte er die Geschenke der Ergebenen an den Meister zu verwalten.

In seinem Bemühen nach geistigem Vorwärtskommen fand Balappa in Swami Samarth segensreiche Hilfe. Er war stets für Balappa da und liebte ihn wie seinen eigenen Sohn.

Swami Samarth hatte in Balappa einen geeigneten Nachfolger erkannt. Als er das Ende seines Lebens nahen fühlte, rief er ihn eines Tages zu sich und übergab ihm seinen Ring mit dem eingravierten Namen Swami Samarth sowie einige andere symbolische Gegenstände als Zeichen der Nachfolge. Nachdem Swami Samarth seinen Körper verlassen hatte, war Balappa zutiefst traurig. Auch er wollte nun nicht mehr weiterleben und begann zu fasten. Am dritten Tag erschien ihm jedoch der geliebte Meister und sprach zu ihm:

„Mein Sohn, gräme dich nicht. Es gibt dazu keinen Anlass. Ich gab dir meine wertvollen Padukas. Versuche mich in ihnen zu sehen. Ich bin immer bei dir. Ich nehme weiterhin deine täglichen Dienste der Liebe entgegen. Überschreite deine Verbundenheit zu meiner körperlichen Form und begreife mein wahres Wesen Swaswarupa, das alles durchdringende, absolute Bewusstsein! Mein Segen ist immer mit dir."

Diese Zusicherung gab Balappa Maharaj wieder neuen Mut. Täglich brachte er den Padukas von Swami Samarth Verehrung entgegen und trat nun voll Vertrauen seine Nachfolge an.

In den folgenden mehr als zwanzig Jahren war Balappa in ganz Indien unterwegs um die Botschaft von Swami Samarth und das Licht des Datta Sampradaya, der Dattatreya-Lehre, zu verbreiten.

Den Zeitraum von 1900 bis 1910 verbrachte er in Akkalkot. Hier kam er nun dem Wunsch des Swami nach, ein Guru Mandir zu errichten.

Im Jahr 1901 fand die erste persönliche Begegnung zwischen Balappa Maharaj und seinem zukünftigen Nachfolger Gangadhar Maharaj statt. Die Einzelheiten beinhaltet die Beschreibung der Abbildung 13.

Im Jahr 1904 entsagte Balappa Maharaj allem Weltlichen; er nahm Sanyas, was mit einem Mönchsgelübde vergleichbar ist. Von nun an trug er den Namen Shri Brahmanand Saraswati und nahm täglich nur noch eine Handvoll Nüsse zu sich.

Als Balappa Maharaj um das Nahen seines Lebensendes wusste, traf er rechtzeitig alle Vorkehrungen. So sandte er, als er schwächer wurde, nach Shri Gangadhar Maharaj und bestimmte ihn zu seinem Nachfolger und zum Oberhaupt des Guru Mandir.

Obwohl der körperliche Zustand von Balappa Maharaj stark von Krankheit gezeichnet war, versäumte er es nie den

विदित रहे की ...
गुरुमंदीर ...
अनादि चिरंचिल गु...
मूल प्रवर्तक अ...
महाराज श्रीजी...
पीयऽधिष्ठितसत्...
नकी ❋
महाभिषेकपूर्वक
द्वारा पूजन ❋
तथाऽसगुरुस्थ
श्रीराजराजेश्वरी
कुंकुमार्चनपूर्व...

Padukas von Swami Samarth seine tägliche Verehrung entgegenzubringen. Ebenso wenig vernachlässigte er seine geistigen Übungen.
Am 15. März 1910 verließ Balappa Maharaj seinen Körper. Als Sanyasi, das heißt, als einer, der der Welt entsagt hat, durfte er nicht verbrannt werden, wie es sonst üblich ist. Er wurde daher im Allerheiligsten des Guru Mandir bestattet.
Mit den folgenden Aufnahmen wenden wir uns der Gedenkstätte seines Nachfolgers Gangadhar Maharaj zu.

Abbildung 12

Grab- und Gedenkstätte von Gangadhar Maharaj

Es war der Wunsch von Gangadhar Maharaj, zu Füßen seines Meisters bestattet zu werden, und so liegt seine Grab- und Gedenkstätte vom Betrachter aus gesehen rechts vor dem erhöhten Vorraum zum Allerheiligsten. Dieser Platz ist in Skizze 3 mit c gekennzeichnet.
Die mit Marmor versiegelte Fläche über dem Samadhi ist von einem niedrigen, hölzernen Geländer eingefasst. Eine Statue aus hellem Marmor auf einem Holzhocker zeigt das Abbild des Meisters Gangadhar Maharaj, geschmückt mit einer Blumengirlande und einem roten Umhang. Auf Wunsch von Shree wurde sie im Jahr 1978 von Shri R. V. Ranganekar in Bombay (jetzt Mumbai) hergestellt. Rechts daneben sehen wir ein Symbol von Lord Shiva, den Dreizack, Trishul genannt. Auf einem langen Stab senkrecht gehalten steht er für die Achse des Universums.
Auf dem kleinen Holzpodest vor der Gedenkstätte von Gangadhar Maharaj steht eine Bronzefigur. Sie stellt Hanuman dar, dessen Existenz mythologisch als ewiglich gilt. Viele Menschen haben über ihre Erfahrungen berichtet, sein Darshan erhalten zu haben. Als treuer Diener von Ram verkörpert er für die Gottliebenden unter anderem die richtige Haltung gegenüber dem Meister. In vielen Episoden des indischen Epos Ramayana wird von seiner Treue und Hingabe an Ram berichtet. Dieses Symbol der Ergebenheit und des Dienens findet sich noch an manchen anderen Stellen im Guru Mandir. Hier ließ Shree es in Erinnerung an ein Ereignis im Leben von Gangadhar Maharaj aufstellen:
Das Oberhaupt des Mandir machte sich große Gedanken über die wachsende Hinwendung der Menschen zum Materialismus, die er während der vergangenen Jahre beobachtete. Eines Tages erschien ihm Hanuman, gab ihm ein Mantra und offenbarte ihm die zukünftige Entwicklung. Gangadhar Maharaj erfuhr, dass er sich nicht allein um die geistige Zukunft sorgte. Der Vers, in dem er das offenbarte Wissen festhielt, spricht von einem Gefährten, der nach ihm kommen wird und der das hohe Wissen der Veden und die nach Wahrheit suchenden Menschen beschützen wird. Er wird Satya Dharma - die Ewige Wahrheit - wiederherstellen. Zu diesem Zeitpunkt war Shree etwa zwei Jahre alt.
Hinter der Statue von Gangadhar Maharaj sehen wir die geschmückte Holzschnitzarbeit einer Statue von Lord Dattatreya. Er ist hier wieder in Begleitung einer Kuh dargestellt. Seine Bedeutung wurde bereits bei Abbildung 10 ausführlicher beschrieben.

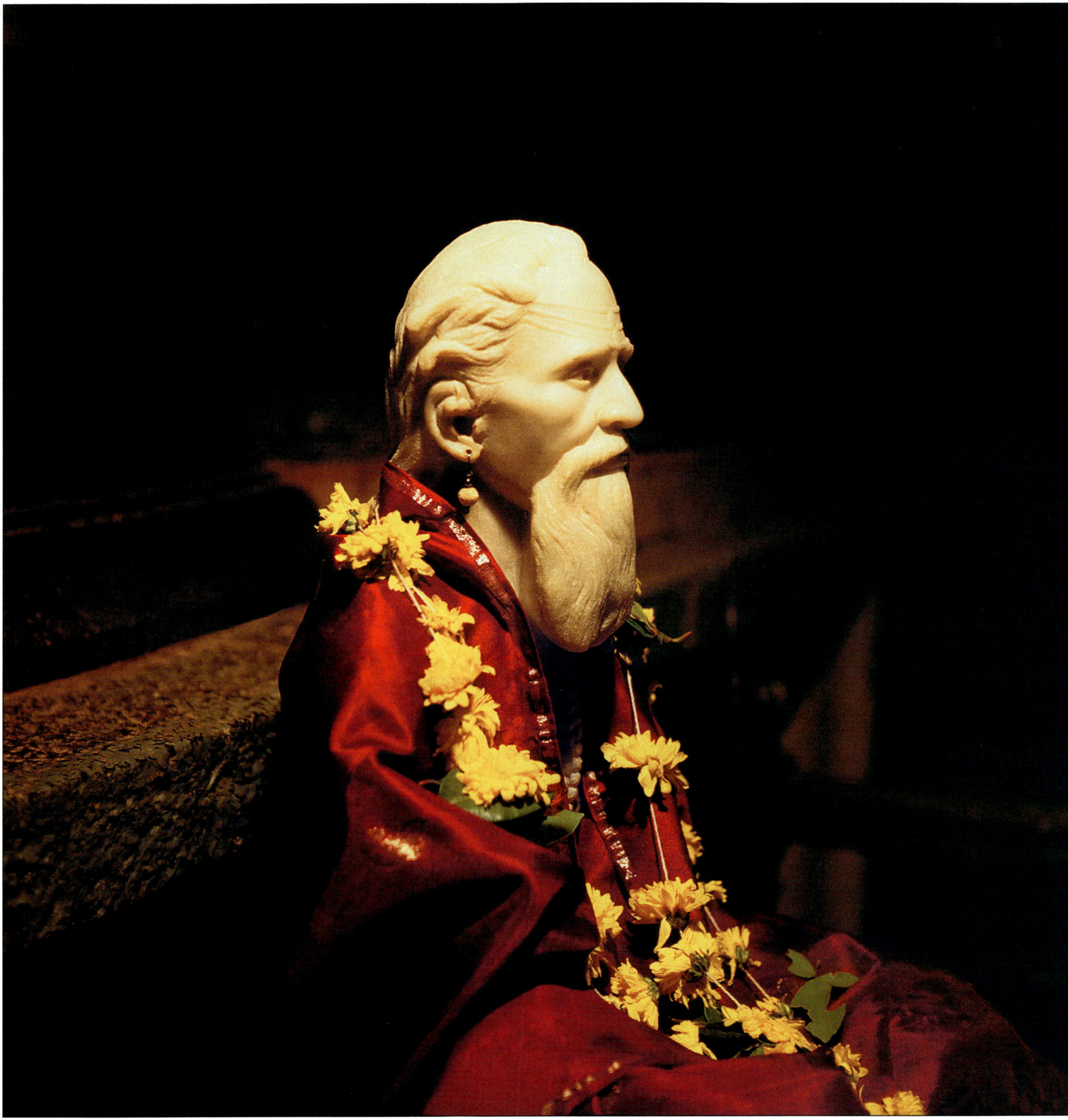

In der reich verzierten Mauerrundung oberhalb der Statue von Gangadhar Maharaj ist ein Teil des bei Abbildung 11 erwähnten Gemäldes sichtbar, das ihn darstellt. Am linken Rand ragt ein Teil des Gemäldes ins Blickfeld, auf dem Swami Samarth abgebildet wurde.

Auch an der Säule rechts wurde eine Abbildung von Swami Samarth angebracht. Es ist eine Original-Fotografie, die ihn zusammen mit Balappa Maharaj - er steht auf der rechten Seite hinter Swami Samarth - und einigen anderen Ergebenen zeigt.

Eines Tages kam ein Vertreter für Filme nach Akkalkot. Ohne Swami Samarth um Erlaubnis zu fragen machte er eine Aufnahme von dem Heiligen. Wie staunte er jedoch, als er zu Hause feststellen musste, dass auf dem Film nichts zu sehen war! Er erkannte, dass er einem großen Heiligen begegnet war und ihm nicht die entsprechende Achtung erwiesen hatte. Daraufhin begab er sich nochmals nach Akkalkot, verneigte sich vor Swami Samarth und bat ihn um die Erlaubnis ein Foto von ihm machen zu dürfen. Als Swami Samarth zustimmte, entstand diese wahrscheinlich einzige Fotografie des ungewöhnlichen Heiligen.

Die Schrifttafel daneben informiert die Besucher in Marathi über die verschiedenen Feuerzeremonien, die hier im Guru Mandir regelmäßig beziehungsweise zu bestimmten Anlässen durchgeführt werden.

Der Statue von Gangadhar Maharaj sowie seinem Wirken wenden wir uns mit der folgenden Beschreibung der Abbildung 13 zu.

Abbildung 13

Statue von Gangadhar Maharaj

Nahaufnahme aus der vorangegangenen Abbildung

Gangadhar Maharaj wurde am 15. Juli 1868 in Jabalpur an einem ganz besonderen Tag geboren. Es war in diesem Jahr nach dem indischen Mondkalender der Tag des Guru Purnima (s. Abb. 11). Sein Vater Khanderao verstarb früh und so wurde Gangadhar von seiner Mutter Mhalsabei erzogen. Ihre tiefe Religiosität und große Selbstlosigkeit prägten Gangadhar und seine beiden älteren Brüder und spiegelten sich in ihnen wider.

Gangadhar hielt sich während seiner Jugendzeit bei einem Onkel in Raipur auf, östlich von Nagpur in Madhya Pradesh gelegen. Schon damals zeigte sich, dass seine Neigungen vor allem der Religion galten. Um sich mehr mit dem Göttlichen zu verbinden und sein Bewusstsein auf Gott gerichtet zu halten, verbrachte er viel Zeit mit der Verehrung eines Shiva-Lingams. Dieser Hinwendung gab er den Vorrang vor einer schulischen Ausbildung. Gangadhar trat später in den Dienst eines englischen Offiziers, wo er sich als sehr pflichtbewusst erwies, und erhielt dort eine Anstellung. Auch bei einer Eisenbahngesellschaft arbeitete er für einige Zeit. Im Alter von 22 Jahren heiratete Gangadhar Matoshri Umabai. Sie war eine sehr fromme Frau, die man später Mutter Uma nannte. Die Marathi-Sprache kennt eine andere Form des Namens Umabai und daher war auch der Name Umakaki für sie gebräuchlich.

Der Name Gangadhar lässt eine Beziehung zu Lord Shiva erkennen. Wörtlich bedeutet er „den Fluss haltend". Es ist einer der Beinamen von Lord Shiva und leitet sich ab von „Ganga", wie der Fluss Ganges bei den Hindus genannt wird, und „dhara", was haltend bedeutet. Im Rigveda, einem Teil der Veden, wird von einer Begebenheit berichtet, nach welcher der Erde die Vernichtung durch eine große Dürre drohte. Die Weisen des Himalaya baten den himmlischen Fluss Ganga auf die Erde niederzukommen und sie zu retten. Lord Shiva fing die ungestümen Wassermassen mit seinen Locken auf, sodass das Wasser gebändigt zur Erde hinabfloss. Wasser versinnbildlicht oft geistiges Wissen und Lichtenergie. Lord Shiva hat hier symbolisch die Aufgabe Wissen und Licht so an die Menschheit zu übermitteln, wie sie es aufnehmen kann und es ihr von allergrößtem Nutzen ist.

Im Jahr 1901 kam Gangadhar durch seinen Bruder Bhao Saheb zum ersten Mal in Kontakt mit Balappa Maharaj, als dieser sich in Nagpur aufhielt. Gangadhar und seine Frau fühlten sogleich die Größe dieses Meisters und waren ihm von der ersten Begegnung an zutiefst ergeben. Noch im selben Jahr weihte Balappa Maharaj Gangadhar in die Datta-Sampradaya-Tradition (s. Abb. 10) ein. Er erkannte die geistigen Anlagen, die Hingabefähigkeit und das Streben von Gangadhar und kündigte Bhao Saheb an, dass sein Bruder zu gegebener Zeit nach Akkalkot kommen werde. Während der folgenden Jahre widmete sich Gangadhar intensiv den geistigen Übungen, in die Balappa Maharaj ihn eingewiesen hatte. Im Jahr 1910 wurde er von ihm nach Akkalkot gerufen. Der Meister hatte in Gangadhar den geeigneten Nachfolger gefunden und setzte ihn mit einer offiziellen Zeremonie als Oberhaupt des Guru Mandir ein.

Als Balappa Maharaj ihm danach einen Wunsch gewährte, antwortete Gangadhar:

„Maharaj! Ich möchte weder Reichtum noch materielle Geschenke. Allein deine Gnade begehre ich. Einige Bissen Nahrung für den Magen und ein grobes Tuch zum Bedecken des Körpers. Dies würde für den Körper genügen. Was ich jedoch am stärksten wünsche, ist geistige Nahrung für meine Seele durch deine Gnade."

Nachdem Balappa die Erde verlassen hatte, fühlte Gangadhar tiefe Traurigkeit. Täglich suchte er das Innerste des Tempels auf, wo der Körper von Balappa Maharaj in sitzender Haltung aufgebahrt war. Drei Wochen lang führte er dort jeden Tag Puja zu Füßen seines Meisters durch.

Puja ist eine heilige Handlung, durch die man das Göttliche verehren und seine Liebe und Hingabe ausdrücken kann. Immer sollte das Licht hinter dem Licht Gegenstand der Verehrung sein. Dabei werden meist Blumen oder Früchte als symbolische Gabe dargebracht. Auf einer mit beiden Händen gehaltenen Platte ruht ein kleines Licht, ähnlich einem Teelicht, das man stellvertretend vor dem Meister oder dem Symbol in gebeugter Haltung mit aller Ehrfurcht kreisen lässt. Mantragesänge begleiten die Zeremonie, welche stets das Gemüt sehr erhebt.

Der Körper von Balappa Maharaj zeigte in dieser Zeit keinerlei Anzeichen von Verwesung. Schließlich folgte Gangadhar Maharaj dem Hinweis von Ergebenen und ließ die Tür zum Allerheiligsten schließen. Von nun an nahm er als Nahrung nur noch Milch und Früchte zu sich.

Gangadhar zeigte sich als würdiger Schüler eines großen Meisters. Mit tiefer Hingabe bewahrte er die Heiligkeit des Guru Mandir. Er achtete stets auf die sorgfältige Durchführung der täglichen Zeremonien streng nach den vedischen Vorschriften und sorgte für Disziplin und Sauberkeit im Guru Mandir. Seine herzliche Gastfreundschaft, in der er keine Unterschiede bezüglich Herkunft, Glaubensrichtung oder Hautfarbe machte, war bekannt. Jeder Besucher des Guru Mandir erhielt Nahrung sowie Prasad, die sinnbildliche Gabe des Meisters in Form von Süßigkeiten wie zum Beispiel Kandis, Datteln, süßen Getreidebällchen oder Ähnlichem. Gangadhar Maharaj kümmerte sich persönlich um viele Schüler.

Im Jahr 1926 nahm er auf Wunsch seines älteren Bruders Bhao Saheb dessen Enkel Gajanan zu sich, den er und seine Frau Matoshri Umabai wie einen eigenen Sohn lieb gewannen. Gangadhar Maharaj und Mutter Uma hatten selbst keine Nachkommen. Umabai umsorgte die beiden Kinder Shree und seine Schwester Kamala wie eine Mutter und kümmerte sich um die gesamte Hausarbeit im Math.

Etwa im Alter von siebzig Jahren fühlte Gangadhar Maharaj, dass es nun an der Zeit war das nächste Oberhaupt des Guru Mandir zu finden. Er zog dabei verschiedene Personen in ganz Indien in Erwägung, bis ihm schließlich Swami

Samarth in einem Traum den geeigneten Nachfolger offenbarte: Eines Nachts ließ er Gangadhar Maharaj den Text eines alten Liedes sehen. Hierin wird ein Tier im Himalaya beschrieben, aus dessen Nabel der Duft von Moschus strömt. Das Tier liebt den Duft, der sich überall ausbreitet, sehr und es versucht herauszufinden, wo dessen Ursprung verborgen liegt. Wohin sich das Tier auch wendet, nimmt es den Duft wahr, ohne zu erkennen, dass sich die Quelle des Wohlgeruchs in ihm selbst befindet. Gangadhar Maharaj erfuhr daraufhin, dass derjenige, nach dem er suchte, in seiner nächsten Nähe lebte. Er sei in dem Enkel seines Bruders zur Welt gekommen.

Gangadhar war darüber sehr glücklich. Im Rahmen einer Feierlichkeit übertrug er am 11. März 1938 sein Amt als Oberhaupt des Guru Mandir auf Shree Gajanan Maharaj (s. Abb. 19).

Einige Tage später nahm Gangadhar Maharaj die Lebensweise der Entsagung von allem Weltlichen, Sanyas, an und trug danach den Namen Shri Dayanand Saraswati.

Elf Tage nach der Einsetzung seines Nachfolgers verließ Gangadhar Maharaj seinen Körper. Es wird berichtet, dass er, im Inneren des Guru Mandir sitzend, mit ruhigem und nach innen gekehrtem Gesichtsausdruck den Namen von Balappa Maharaj wiederholte. Seine Lebensflamme erlosch und verschmolz mit der seines Meisters. Der Raja von Akkalkot wusste von Gangadhar, dass er zu Füßen seines Meisters begraben sein wollte, und veranlasste die entsprechende Beisetzung.

Mit den nächsten Abbildungen wenden wir uns der Veden Mandir genannten Gedenkstätte zu und damit dem Wirken von Shree, dem letzten der Oberhäupter des Guru Mandir.

Abbildung 14 / Seite 48

Das Veden Mandir

Wie ein kleiner Tempel erhebt sich auf dieser Abbildung das Veden Mandir, das wörtlich übersetzt „Wohnstätte der Veden" bedeutet. In Skizze 3 ist diese Gedenkstätte mit e gekennzeichnet. Hier wird auf Wunsch von Shree eine Gesamtausgabe der Veden, des ältesten der Menschheit bekannten Wissensschatzes, aufbewahrt. Erläuterungen dazu sowie zu Ursprung und Inhalt dieser heiligen Schriften finden sich bei Abbildung 15.

Das Wissen der Veden wird im Allgemeinen dem Hinduismus zugeordnet. Wie im Vorwort erwähnt, ist es jedoch das gemeinsame Urwissen der gesamten Menschheit, denn lange bevor verschiedene Religionsrichtungen entstanden, gab es bereits dieses Wissen um die universellen Gesetzmäßigkeiten. Seine Gültigkeit ist deshalb unabhängig von jeder Glaubensrichtung und bezieht sich auf die ganze Welt.

In der Tradition Indiens ist die Bedeutung der Veden am bekanntesten. Dennoch geriet auch hier im Lauf der Jahrhunderte vieles in Vergessenheit und manches wurde fehlinterpretiert oder in seiner Bedeutung verfälscht. Was als universelles Wissen und Licht für die ganze Welt gegeben war, gelangte mehr und mehr ausschließlich in den Besitz weniger Menschen und selbst das in einer Form, die mit dem ursprünglich Gegebenen nicht mehr viel gemeinsam hatte. Dieser Entwicklung setzte Shree ein Ende, als er im Jahr 1944 seine weltweite Aufgabe übernahm. Die Schrifttafel im Vordergrund der Aufnahme erinnert an das Ereignis von hoher Bedeutung. Hier steht in Sanskrit und darunter in Englisch:

„Dies ist die Stelle,
wo Param Sadguru den höchsten Eid leistete:
‚Ich werde die Veden wieder beleben.'
Es ist hier, wo Sapta Shloki, die Sieben Verse,
die Göttliche Botschaft,
auf diesen Planeten herniederkam."

यह पुण्य स्थान है जहाँ परमसदगुरुने घोर प्रतिज्ञा की, कि मैं श्रुतियोंका पुनरुज्जीवन करूंगा। इसी स्थानपर दिव्यवाणी सप्तश्लोकीका अवतरण हुवा।

This is the place where Paramasadguru made the Supreme Vow, "I will resucitate the Vedas". It is here that Sapta Shloki (Seven Verses), the Divine message descended on this planet.

Diesem Eid ging ein besonderes Erlebnis voraus: Am 21. September 1944 zeigte Lord Parshuram Shree in einer Vision, wie vier Hunde sehr krank und schwach am Boden lagen. Mit jedem Atemzug schien das Leben mehr und mehr aus ihnen zu weichen, sie lagen im Sterben. Großes Mitgefühl erfüllte das Gemüt von Shree. Er erkannte, dass die Tiere die vier Veden symbolisierten und dass ihre Schwäche zum Ausdruck brachte, in welcher Situation sich Satya Dharma, das heilige Wissen um die ewig gültigen Gesetzmäßigkeiten, befand. Lord Parshuram sprach zu ihm:
„Dies ist der gegenwärtige Zustand des Satya Dharma der Veden."
Daraufhin äußerte Shree augenblicklich folgende Worte:
„Ich werde die Veden wieder beleben."
Lord Parshuram war hocherfreut über diese Aussage. Er sprach:
„Lo! (Sieh!), das ist mein Guru Dakshina!"
Damit war die Vision vorüber und alles entschwand.
Auf diese Weise forderte Lord Parshuram von Shree eine große, historisch bedeutende Aufgabe als Guru Dakshina. So wird das Geschenk eines Schülers an seinen Meister bezeichnet, das er ihm aus tiefer Dankbarkeit für Jahre der Unterweisung und Führung macht. In der alten Geschichte der Veden und in der Mythologie wurde großer Wert daraufgelegt. Oft war das Guru Dakshina auch ein Mittel, die Fähigkeiten eines Schülers zu prüfen. Viele Schüler haben auf diese Weise Großes geleistet um ihren Meister zu erfreuen. Shree machte dazu später folgende Aussage:
„Lord Parshuram stellte als segensreiche Forderung die Wiedererweckung der Veden als Guru Dakshina an Uns. Es war Vijaya Dashami (indischer Feiertag). Derjenige, der diese Forderung stellte, kennt Unsere Fähigkeiten. Er stellte die Forderung als ein Chiranjiv Avatar (Ewige Inkarnation)."
Nach der Vision am 21. September hielt Shree drei Tage lang Schweigen ein. Am 27. September wurde er morgens um 9 Uhr nochmals mit der Gegenwart von Lord Parshuram gesegnet, dessen Gestalt an der Stelle vor ihm erschien, wo Shree später das Veden Mandir errichten ließ. Damals stand dort eine hölzerne Bank, auf der Shree gewöhnlich saß um Besucher zu empfangen. Shree war über das Erscheinen von Lord Parshuram außerordentlich glücklich. Zur Bekräftigung seines Eides führte er eine besondere Zeremonie zu Füßen des Meisters durch, bei der er drei Mal sein Versprechen wiederholte. Wie von selbst kamen anschließend die „Sieben Verse" (Sapta Shloki) über seine Lippen. Die kupferne Schrifttafel in der Mitte der Abbildung zeigt das Mantra in Sanskrit. Es enthüllte den Weg zur Erfüllung der großen Aufgabe. Die Sieben Verse offenbaren die Essenz der Veden, den Fünffachen Pfad, wie er in diesem Augenblick vom Höchsten Licht durch Shree gegeben wurde. Die fünf Prinzipien des Pfades sind Ausdruck des Höchsten Willens in unserer Zeit. Sie verkörpern den Weg, der in der heutigen Zeit in jeder Beziehung und unabhängig von jeder Religionszugehörigkeit am hilfreichsten ist (s. Abb. 15). Mit seinem Eid, die Veden wieder zu beleben, erfüllte Shree die göttliche Aufgabe, die ihm übertragen war.
Am Tag des Vollmondes des Monats Vaishakh (Mai) war Siddharta Gautama offenbart worden, dass er der Buddha ist. Auf die gleiche Weise war Shree am 25. Dezember 1941 eine Offenbarung aus dem Höchsten Licht zuteil geworden. Darin hieß es, dass derselbe der als Ram, Krishna und Buddha geboren wurde, nun in Gestalt des Menschensohnes inkarniert sei. Diese Tatsache werde öffentlich bekannt werden. Etwa drei Jahre nach dieser Offenbarung leitete Shree mit seinem Eid sein großes Wirken ein.
Der Begriff Menschensohn wird bereits in der ältesten Sprache der Welt beschrieben - im Sanskrit. Hier heißt er Manava Putra. Mit Menschensohn ist nicht ein anderer Name oder der Beiname einer Person gemeint. Es ist damit der Rang gekennzeichnet, den diese Person während einer unvorstellbar hohen göttlichen Aufgabe einnimmt - ein Avatar. Ihm stehen alle göttlichen Kräfte zur Verfügung. Sein Bewusstsein ist zu einem bestimmten Zeitpunkt so erhoben worden, dass es genauso ist, als wirke Gott.
Der Eid von Shree gilt als Beginn des Neuen Zeitalters, der Ära des Satya-Yuga. Durch die Wiederbelebung des vedischen Wissens wird diese Epoche geprägt sein von Frieden und Wohlergehen im Einklang mit den göttlichen Gesetzmäßigkeiten (s. Abb. 16).
Im Herbst 1979 besuchte Horst Heigl mit einer von ihm ausgewählten Gruppe das Guru Mandir. Kurz nach der Ankunft in Akkalkot regte er die Durchführung eines 36-stündigen

यह पुण्य स्थान है जहाँ परमसदगुरुने घोर प्रतिज्ञा की, कि मैं श्रुतियोंका पुनरुज्जीवन करूंगा । इसी स्थानपर दिव्यवाणी सप्त श्लोकीका अवतरण हुवा ।

This is the place where Paramasadguru made the Supreme Vow, "I will resucitate the Vedas." It is here that Sapta Shloki (Seven Verses), the Divine message descended on this planet.

Yagnas an. Am 25. September, gleich nach Beginn der Feuerzeremonie, besuchte Shree das Yagna. Er bemerkte dazu, dass es der 36. Jahrestag seines feierlichen Versprechens der Wiederbelebung der Veden sei. Die geringe Datumsverschiebung ergibt sich aufgrund des in Indien verwendeten Mondkalenders.

Abbildung 15

Das Veden Mandir

Ältere Aufnahme

Diese Aufnahme entstand zu einem früheren Zeitpunkt als die anderen Fotografien in diesem Buch. Hier sieht man deutlich hinter der kupfernen Schrifttafel die handgefertigte, kupferne Schatulle, in der die Veden aufbewahrt werden. Sie wurden von Shree hier eingesetzt. In einem einzigen Buch, das mit seiner Größe nahezu den Innenraum der Schatulle ausfüllt, umfasst diese Ausgabe alle vier Teile, in die das gewaltige Wissen gegliedert ist. Das Buch bleibt stets unberührt. Für die Rezitationen im Guru Mandir werden andere Ausgaben herangezogen.

Die Veden gelten als in sich abgeschlossene und seit Urzeiten bestehende, heilige Offenbarung. Im Zustand tiefster Meditation haben Seher das gewaltige Wissen aus dem höchsten Licht empfangen. Die Schriften werden deshalb auch Shruti genannt, was so viel bedeutet wie „was offenbart wurde". Sie sind Ausdruck höchster Wahrheit und haben für die Gläubigen göttliche Autorität. Über lange Zeit war es Eingeweihten vorbehalten, dieses Wissen nur von Mund zu Ohr an würdige Menschen weiterzugeben. Sie achteten dabei auf absolute Genauigkeit, denn die wort- und klanggetreue Wiedergabe der Sanskrit-Begriffe galt und gilt als äußerst wichtig. Der Zeitraum der schriftlichen Niederlegung der Veden konnte bisher nicht einstimmig festgestellt werden. Das gesamte vedische Wissen hat etwa den sechsfachen Umfang der Bibel. Es gliedert sich in vier Teile:

1. der Rigveda, der Veda der Verse
2. der Samaveda, der Veda der Lieder
3. der Yajurveda, der Veda der Opfersprüche
4. der Atharveda, der Veda des Atharvan, eines mystischen Feuerpriesters.

Alle erdenklichen Wissensgebiete sind in diesen heiligen Schriften angesprochen. Das Wissen um den Ursprung der Schöpfung und ihre Gesetzmäßigkeiten ist dort ebenso zu finden wie Kenntnisse aus Bereichen, die wir erst seit relativ kurzer Zeit benennen können, wie zum Beispiel Radioaktivität oder Klimatechnik. Auch Gebiete wie Astronomie, Medizin oder naturgemäßer Anbau sind unter zahlreichen anderen in dem Schriftwerk enthalten. Beschreibungen von geistig-seelischen Entwicklungen, von Meditationszuständen und hohen Lichterlebnissen lassen erahnen, dass wir in vielen Bereichen erst am Ufer eines unvorstellbaren Ozeans von Wissen stehen.

Der hohe Inhalt der Veden fand in einer besonderen Sprache und ihrer eigens entwickelten Schrift entsprechenden Ausdruck. Wie keine andere Sprache verfügt Sanskrit, was so viel bedeutet wie „vollkommen, vollendet", über große Ausdruckskraft und Genauigkeit, vor allem auf dem Gebiet der Mystik. Die Begriffe des Sanskrit sind so fein ausgewählt und so exakt zutreffend, dass für viele von ihnen in anderen Sprachen keine genauen Übersetzungen existieren. Diese Besonderheiten sind auch eine Erklärung für die hohe Wirkung der Sanskrit-Mantras. Keine andere Sprache auf der ganzen Welt kann die wahre Schönheit und Tiefe der Bedeutung eines Mantras vollkommen übersetzen. Wer

यह पुण्य स्थान है जहाँ परमसद्‌गुरुने घोर
प्रतिज्ञा की, कि मैं श्रुतियोंका पुनरुज्जीवन
करूंगा। इसी स्थानपर दिव्यवाणी सप्तश्लोकीका
अवतरण हुवा।

This is the place where Paramasadguru
made the Supreme Vow, "I will resuscitate
the Vedas". It is here that Sapta Shloki
(Seven Verses), the Divine message
descended on this planet.

jedoch das Mantra in der richtigen Weise übt, wird schließlich seine wahre Bedeutung erleben.

Die Sieben Verse, die durch Shree am Tag der Bestätigung seines Eids gegeben wurden, bekräftigen den allzeit gültigen Wahrheitsgehalt der Veden und ihren göttlichen Ursprung (s. Abb. 34). Wollte man die Schriften in ihrer Gesamtheit studieren, so würde ein Menschenleben dazu nicht ausreichen und darüber hinaus wäre die Hilfe eines Sanskrit-Gelehrten unbedingt erforderlich. Für unsere Zeit wurde im letzten Vers der Sapta Shloki der Fünffache Pfad als Quintessenz des vedischen Wissens gegeben. Die fünf Prinzipien des Pfades stellen die unabänderlichen Grundlagen der Religion dar, wie sie durch die Veden überliefert sind. Sie wiederholen und bekräftigen die Aussagen vieler Gottesboten, die stets aus derselben göttlichen Quelle schöpften. Scheinbare Unterschiede in ihren Lehren entstanden nur durch die verschiedenen äußeren Bedingungen zur Zeit ihres Wirkens. Sie übermittelten die göttliche Botschaft jeweils in der Form, wie es der Mentalität der Menschen und den Erfordernissen der Zeit entsprach.

Weil die Veden das Urwissen der Menschheit verkörpern, finden sich die Punkte des Fünffachen Pfades mit Ausnahme des ersten im Wesentlichen in beinahe allen bestehenden Religionen wieder. Unabhängig von einer bestimmten Glaubensrichtung, von Rasse, Geschlecht, Bildung oder anderen Bedingungen können sie von jedem befolgt werden:

Daan - Miteinander Teilen materieller Güter
in der Haltung der Demut
Tapa - Selbstdisziplin, geistige Übungen
Karma - Gesetz von Ursache und Wirkung
Swadhyaya - Studium des Selbst.

Der erste Punkt des Pfades, Yagna, ist ein Oberbegriff für verschiedene Feuerzeremonien, die eine starke reinigende und heilende Wirkung auf die Atmosphäre haben und damit auch auf die Menschen, Tiere und Pflanzen wohltuend wirken. Die wichtigste von ihnen ist das Agnihotra, das genau zu Sonnenauf- und Sonnenuntergang praktiziert wird. Shree vereinfachte diese besondere Feuerzeremonie gegenüber ihrer ursprünglichen Form so, dass sie heute für jedermann durchführbar und ihre große Wirkung schon nach relativ kurzer Zeit der regelmäßigen Praxis erfahrbar ist. Er bewirkte, dass das Wissen um die richtige Ausführung dieser heilsamen vedischen Methoden wieder bekannt und für jeden Menschen anwendbar wurde. Die Reinigung der Atmosphäre durch die Feuerzeremonien ermöglicht es, wieder in Einklang mit der wahren göttlichen Natur des Lebens zu kommen.

Etwa im Jahr 1950 begann die Verbreitung des Fünffachen Pfades. Shree beauftragte zunächst einen seiner Ergebenen, Herrn Potdar, die Essenz der Veden mündlich und schriftlich bekannt zu machen. Immer mehr Menschen kamen im Lauf der Jahre dazu, welche die Bedeutung des Wissens erkannt hatten und es nun mit vollem Herzen gerne weitergaben. Im Jahr 1972 erhielt Shri Vasant Paranjpe von Shree den Auftrag den Fünffachen Pfad auf der ganzen Welt bekannt zu machen. Seit dieser Zeit haben viele Tausende davon erfahren und tragen dazu bei, eine Atmosphäre von Harmonie und Glück aufzubauen.

Abbildung 16
Seitenansicht des Veden Mandir

Diese Abbildung zeigt das Veden Mandir von der Seite. Die kupferne Schatulle der vedischen Schriften ist hier mit einem roten Tuch bedeckt und mit einem Blütenkranz geschmückt.

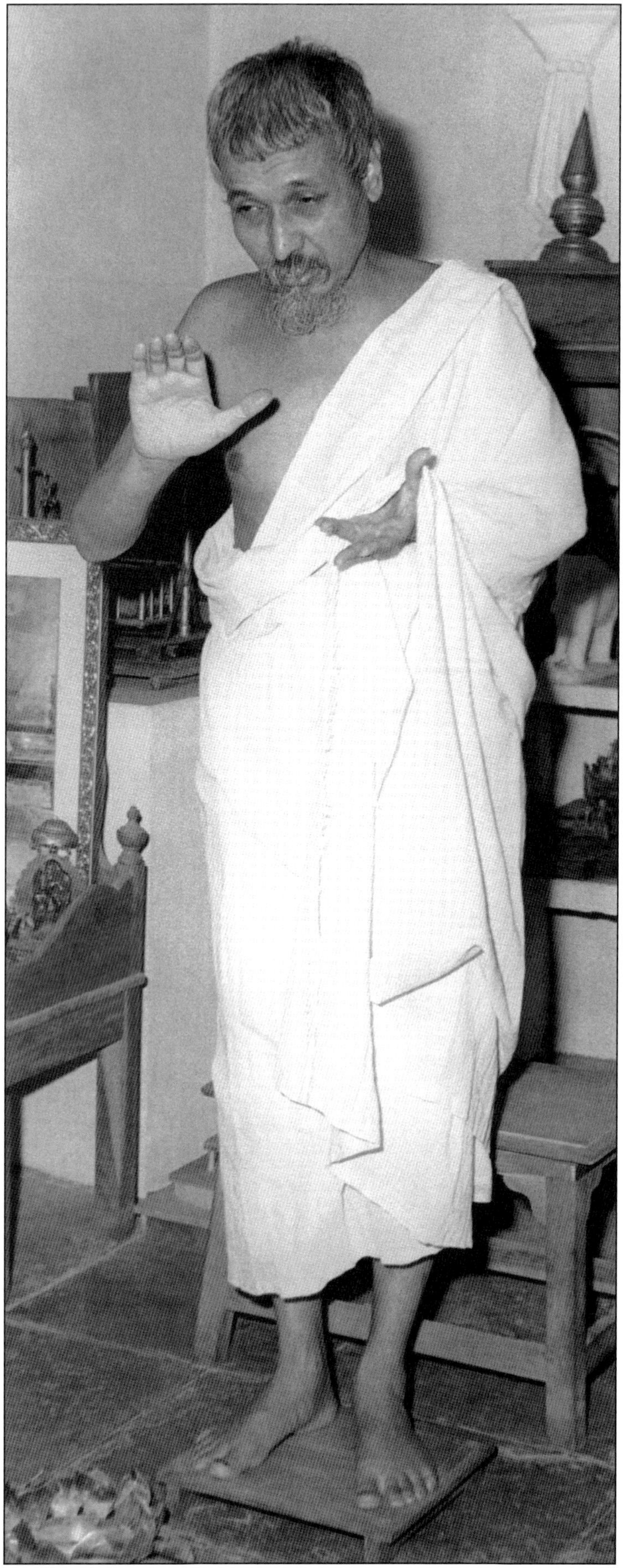

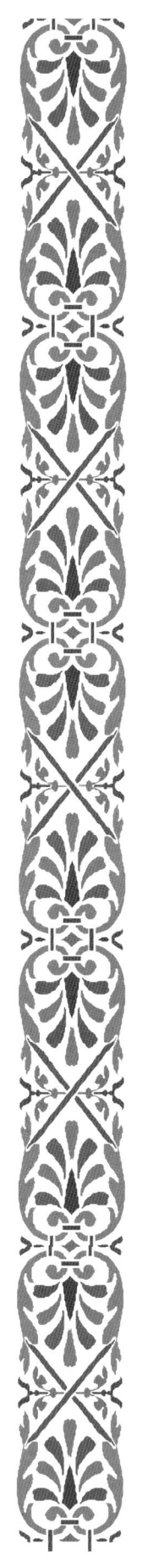

Rechts und links neben der kupfernen Tafel, die den Wortlaut der Sieben Verse wiedergibt, stehen Elefanten aus Holz. Sie symbolisieren an diesem Platz die heilige Silbe OM. Bei Abbildung 23 wird hierüber ausführlich geschrieben.

Im Vordergrund der Aufnahme ist die verzierte hölzerne Verkleidung zu sehen, die den Sockel der Gedenkstätte umgibt. Etwa siebzig Zentimeter hoch verbirgt sie den Blick auf die Basis, auf der das Veden Mandir errichtet wurde. Schatulle, Elefanten und Kupfertafel stehen auf dem Ruhelager, das Gangadhar Maharaj diente und das auch Shree in seiner ersten Zeit als Oberhaupt des Guru Mandir benutzte. Es stand damals nur wenige Meter neben dem Platz des Veden Mandir in der Nähe eines Fensters. Über dem Fenster, das heute stets geschlossen bleibt, hing ein Bild von Swami Samarth. Es war der Wunsch von Shree mit der Gestaltung des Veden Mandir diesem Ruhelager eine besondere Bedeutung zuzuweisen.

Shree achtete stets darauf, dass die Plätze, die Lord Parshuram im Guru Mandir besucht hatte, heilig gehalten wurden. Niemandem erlaubte er einen Fuß dorthin zu setzen, wo sich die Wesenheit des höchsten Lichts aufgehalten hatte. Um diese Plätze zu schützen, ließ Shree dort eine Statue aufstellen oder eine Gedenkstätte errichten. Die Stelle, an der sich das Veden Mandir erhebt, ist vielfach geheiligt. In körperlicher Anwesenheit von Lord Parshuram leistete Shree hier den bedeutenden Eid die Veden wieder zu beleben. Der Höchste Wille offenbarte daraufhin augenblicklich den Weg zur Erfüllung des Eids.

Das Ereignis war für die ganze Welt von großer Bedeutung. Es leitete eine neue Zeit ein, die Ära des Satya-Yuga, in der wieder Harmonie und allgemeines Wohlergehen das Leben prägen werden. Nach der indischen Philosophie lässt sich das Bestehen der Welt in eine Folge von vier verschiedenen Epochen, Yuga, einteilen, die sich in bestimmten, langen Zeitabständen wiederholen.[1] Das Satya-Yuga gilt als die Epoche, in der das Leben im Einklang mit den Schöpfungsgesetzen verläuft und die geistige Lichtenergie am stärksten wahrnehmbar ist. Durch die Wiederbelebung des vedischen Wissens leitete Shree die Wende zu dieser lichtvollen Zeit ein. Gegenwärtig erleben wir noch die Ausläufer des Kali-Yuga, des Zeitalters der Umweltverschmutzung. In dieser Epoche ist die Lichtverbundenheit der Menschen am geringsten. Negative Eigenschaften nehmen schnell überhand, die Atmosphäre des Planeten ist verschmutzt und lässt Lichtenergien überwiegend abgeschwächt zur Wirkung kommen. Wenn jedoch die Notwendigkeit am größten ist, wenn Missstände und Disharmonie in einem Zeitalter die Vorherrschaft zu übernehmen drohen, erscheint Hilfe aus dem höchsten Licht. Hohe Wesenheiten werden dann geboren. In Erfüllung ihrer göttlichen Aufgaben wenden sie durch ihre hohe Lichtenergie und durch die Verbreitung von hilfreichem Wissen die Dinge wieder zum Guten. Diese Gottesboten werden in Indien Avatare genannt. Shree war der Avatar des Kali-Yuga. Er inkarnierte zur Zeit der stärksten Umweltverschmutzung um wieder Harmonie und Einklang mit den göttlichen Gesetzmäßigkeiten herzustellen. Die indische Mythologie nennt den Avatar des Kali-Yuga den Kalki-Avatar.

Eine alte mythologische Schrift, das Kalki Purana, beschreibt vorausschauend das Leben und Wirken dieses göttlichen Boten im Kali-Yuga. Das Buch schildert in vieler Hinsicht das Leben von Shree. Ereignisse wie zum Beispiel der Besuch von Lord Parshuram im Math (s. Abb. 5) sind darin beschrieben und wurden in seinem Leben Wirklichkeit. Shree bestätigte die Parallelen und die Aktualität der alten Schrift. Die Offenbarung, durch die Shree am 25. Dezember 1941 enthüllt wurde, wer er war, verwendete die Bezeichnung Menschensohn für ihn. Damit wurde unabhängig von der indischen Mythologie auf die universelle Bedeutung von Shree und auf seine göttliche Herkunft hingewiesen.

Wenige Monate nachdem Shree den Eid geleistet hatte, bestätigte eine weitere Offenbarung am 21. Dezember 1944 seine gewaltige Aufgabe. Sie enthüllte ihm, dass er die Mission beenden werde, die Buddha vor mehr als 2500 Jahren begonnen hatte. Dieser Aussage widmet sich der Bildband über Shivapuri bei Abbildung 32 ausführlich.

Am 4. Januar 1945 wurde Shree offenbart, dass in seiner Person Twashta und Udgata vereint sind. Diese alten Sanskrit-Begriffe sagen aus, dass Shree Twashta, das heißt die Schöpfungskraft, übertragen wurde. Udgata bezeichnete bei den alten Yagnas die Person, die bestimmte Mantras rezitierte. Für Shree bedeutete der Begriff, dass auch die Ausbreitung des wieder belebten Wissens Teil seiner Aufgabe war.

हरे राम हरे राम राम राम हरे हरे ! • श्री राम • हरे कृष्ण हरे कृष्ण कृष्ण कृष्ण हरे हरे ॥

Wir verlassen nun den Haupttempel durch den in Skizze 1 mit i gekennzeichneten Durchgang und begeben uns in den Nebenhof des Guru Mandir. Dort wenden wir uns dem Ram-Tempel zu.

Abbildung 17
Ansicht auf den Vorraum des Ram-Tempels
mit Eingang zum Sanktuarium

Vom Haupttempel aus treten wir auf den Nebenhof des Guru Mandir. Skizze 1 veranschaulicht seine Lage innerhalb des Gebäudekomplexes. Nach einigen weiteren Schritten gelangen wir auf den Vorplatz des Ram-Tempels. Hohe Holzpfeiler tragen sein Dach. Es bietet einen angenehm schattigen Platz. Von hier aus können wir den offen gestalteten Vorraum sowie einen Teil vom Sanktuarium des Ram-Tempels auf uns wirken lassen.

Vor etwa zweihundert Jahren wurde der Tempel zu Ehren von Lord Ram von einem Ergebenen erbaut. Das Tempelgebäude krönt ein reich verzierter, turmartiger Aufbau mit einem prächtigen Kuppeldach. Ein Teil davon ist bei Abbildung 3 zu sehen.

Bis in die Zeit von Balappa Maharaj gehörte der Tempel zum Besitz der damals regierenden königlichen Familie von Akkalkot. Am 7. Mai 1939 wurde er einschließlich mit dem dazugehörigen Areal, dem heutigen Nebenhof, dem Guru Mandir zugesprochen.

An diesem Tag fand hier die Heirat von Shree und Jaganmata Sharda statt. Man sagt, dass Lord Parshuram und Gangadhar Maharaj diese Verbindung durch ihre feinstoffliche Anwesenheit segneten. Ursprünglich wollte Shree nicht heiraten, sondern sich ganz dem Geistigen widmen. Er hatte vor, am ersten Jahrestag des Mahasamadhis von Gangadhar Maharaj Sanyas zu nehmen (s. Abb. 11). Kurze Zeit vorher wurde ihm jedoch eine junge Frau vorgestellt, die für ihn als Ehefrau ausgewählt worden war. Als am Tag nach der Begegnung mit ihr Gangadhar Maharaj morgens vor Shree erschien und ihm sagte, dass er der Verbindung zustimme, willigte auch Shree in die Heirat ein.

Shrees Lebensgefährtin Jaganmata Sharda, später respekt- und liebevoll Vahini genannt, wurde am 17. Oktober 1923 in Akkalkot geboren. Es war der ganz besondere Tag, an dem die Göttin Mahalaxmi verehrt wurde. Vahinis Geburtshaus beherbergte einen Audumber-Baum, unter dem Swami Samarth öfter gesessen hatte, und einen kleinen Schrein in Gedenken an ihn. Vahinis Vater Vinayakrao Javalgekar war Beamter. Sie genoss eine sehr gute Schulausbildung, spielte Badminton, ging schwimmen und mochte gerne Rad fahren. Vahini war für Shree stets eine ergebene Gefährtin. Sie betrachtete sich selbst als seinen Schatten und erfüllte ihre Pflichten zur Unterstützung seiner Aufgaben mit großer Hingabe und Liebe. Vahini sorgte für viele Belange des Guru Mandir und kümmerte sich liebevoll um das Wohlergehen der Besucher, die fast täglich zum Darshan zu Shree kamen. Der Bereich ihrer Zuwendung ging weit über das Guru Mandir hinaus. Viele bedürftige Familien konnten auf ihre Unterstützung bauen. In ihrer Ergebenheit verstand sie es jedoch immer ihre eigenen geistigen Qualitäten zu verbergen, so als ob sie die Hingabe der Besucher auch nicht im Geringsten von Shree ablenken wollte. Mit seinem Mahasamadhi ging auch ihre Aufgabe zu Ende. Sie folgte ihm 9

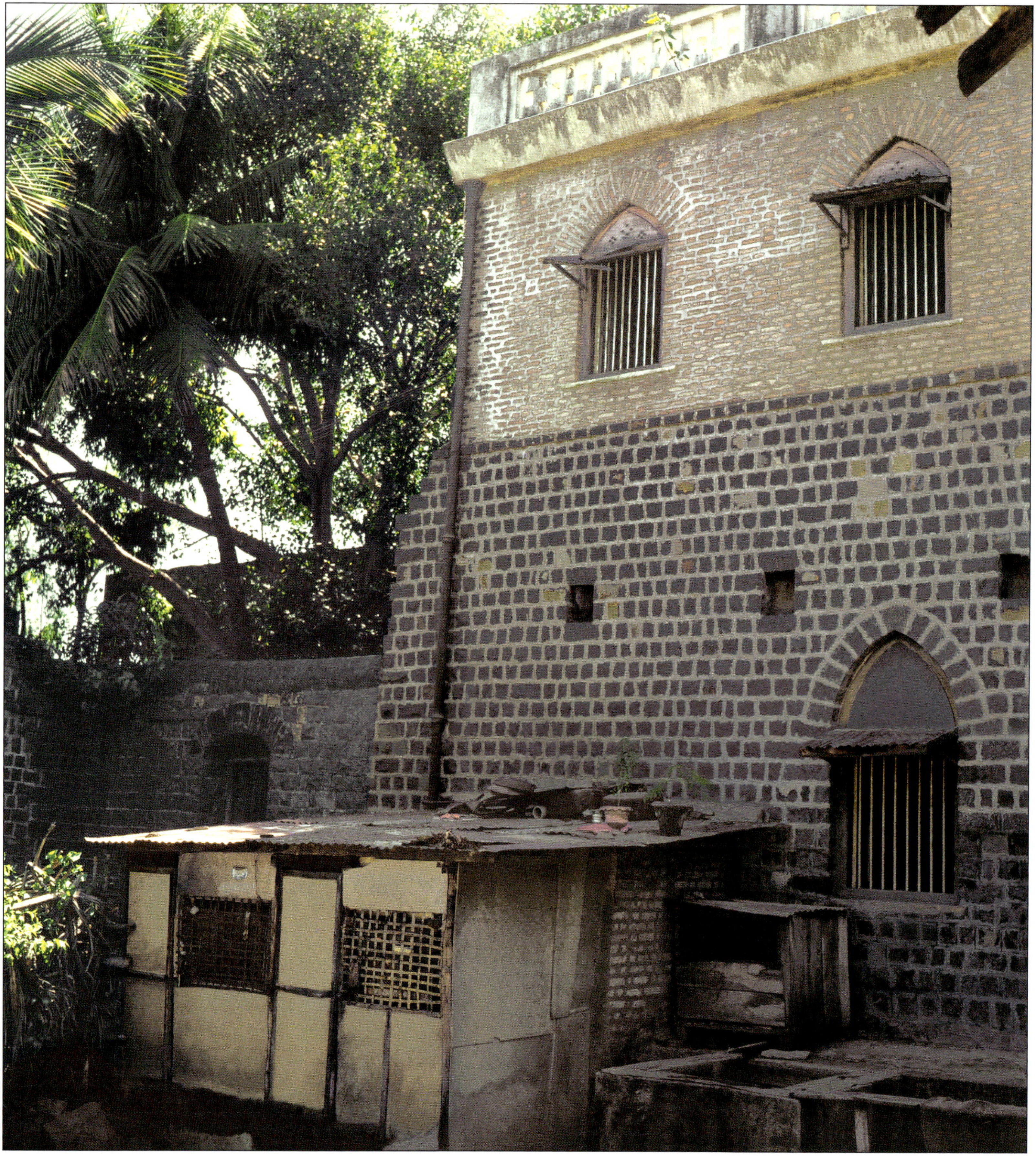

Tage später. Dies gilt in Indien als Zeichen von großer geistiger Verbundenheit.

Das weiße Tempelgebäude hebt sich leuchtend von den Natursteinen der Umgebung ab. Mit roter und blauer Farbe wurden Verzierungen aufgemalt und quer über die gesamte Breite steht in Sanskrit das Hare-Ram-Mantra. Zum offen gestalteten Vorraum des Tempels führen einige Stufen hinauf. In der Mitte über dem Eingang ist in Ehrerbietung gegenüber Ram in roten Schriftzeichen Shri Ram zu lesen.

Ram oder Rama ist noch heute eine der lebendigsten Gestalten der indischen Mythologie. Der Dichter Valmiki hat ihm das erste und größte Epos Indiens, das Ramayana, gewidmet. Darin wird er als Inkarnation von Lord Vishnu beschrieben, der unter den Menschen geboren wurde um sie vor dunklen Kräften zu schützen und sie davon zu befreien. Sein Wirken als Avatar ist datiert auf das Ende des Treta-Yuga, eines der vier Weltzeitalter (s. Bildband Shivapuri, Abb. 28). In Ram, sagt man, sei das Edelste, das Reine und Feine im Menschen zur höchsten Blüte erhoben. So wurde er zu einem überall anerkannten und hochverehrten Vorbild unzähliger Inder.

Im Vorraum und im Sanktuarium befinden sich zahlreiche Darstellungen, in denen göttlichen Kräften und Eigenschaften Verehrung entgegengebracht wird.

Links steht auf einem Stuhl mit hoher Rückenlehne eine Zeichnung, die Samarth Ramadasa, einen Heiligen des 17. Jahrhunderts, darstellt. Er war ein großer Verehrer von Hanuman mit seinen außerordentlichen Fähigkeiten, welche dieser ergeben in den Dienst an seinem Herrn Ram stellte. Besonders beeindruckten ihn die Größe und Demut, die dadurch zum Ausdruck kommen. Samarth Ramadasa war ein Förderer der Veden und Guru eines Königs, der die Hindus vereinigte.

Vor dem Stuhl liegt auf einem niedrigen Hocker ein rotes Stoffbündel. In ihm werden nach einer alten Tradition heilig gehaltene Gegenstände der Besucher des Guru Mandir für die Dauer des Aufenthaltes aufbewahrt.

Auf der rechten Seite des Vorraums ist auf dem dreistufigen, gekachelten Sockel ein Lingam aus schwarzem Stein zu sehen. Im Bildband Shivapuri findet sich zum Symbol des Lingams bei Abbildung 6 eine Erklärung.

Die Statue in der Wandnische dahinter stellt die weibliche Gottheit Parvati dar, die Gemahlin von Lord Shiva.

Wie oft üblich ist über dem Eingang zum Allerheiligsten des Tempels eine Darstellung von Lord Ganpati angebracht. Der Text zur Abbildung 23 enthält ausführliche Angaben zu Lord Ganpati.

In der Mitte des Vorraumes fällt unser Blick durch die niedrige Türöffnung in das Innerste des Ram-Tempels. Zwei hölzerne Wachsoldaten rechts und links des Durchgangs machen auf die Heiligkeit des Sanktuariums aufmerksam, das sie symbolisch bewachen. Es beherbergt Darstellungen zur Verehrung göttlicher Aspekte, zum Beispiel symbolische Füße aus Stein (in der Abbildung nicht sichtbar). Da sie sich in einem Ram-Tempel befinden, sollen sie an Ram erinnern. Eine schwarze Steinfigur, im Bild ebenfalls nicht zu sehen, stellt Hanuman dar. Dieses Symbol unbeirrbarer Hingabe darf an Plätzen der Verehrung von Ram nicht fehlen. In der Mythologie vertritt Hanuman als Sohn von Vayu, der Gottheit des Windes, auch das Luftelement.

Eine reliefartig gearbeitete Statue im Sanktuarium stellt Ram dar, auf dessen Schoß seine Gemahlin Sita sitzt.

Die nächste Aufnahme zeigt einen weiteren Teil des Nebenhofs, mit Blick in Richtung Hauptgebäude und einer Unterkunft für Bedienstete.

Abbildung 18

Blick auf die Mauer des Hauptgebäudes

Vom überdachten Vorplatz des Ram-Tempels, blicken wir auf eine bescheidene Unterkunft, die sich im Vordergrund der Aufnahme ebenerdig an das Hauptgebäude lehnt. Hier wohnen einige Personen, die im Guru Mandir einfache

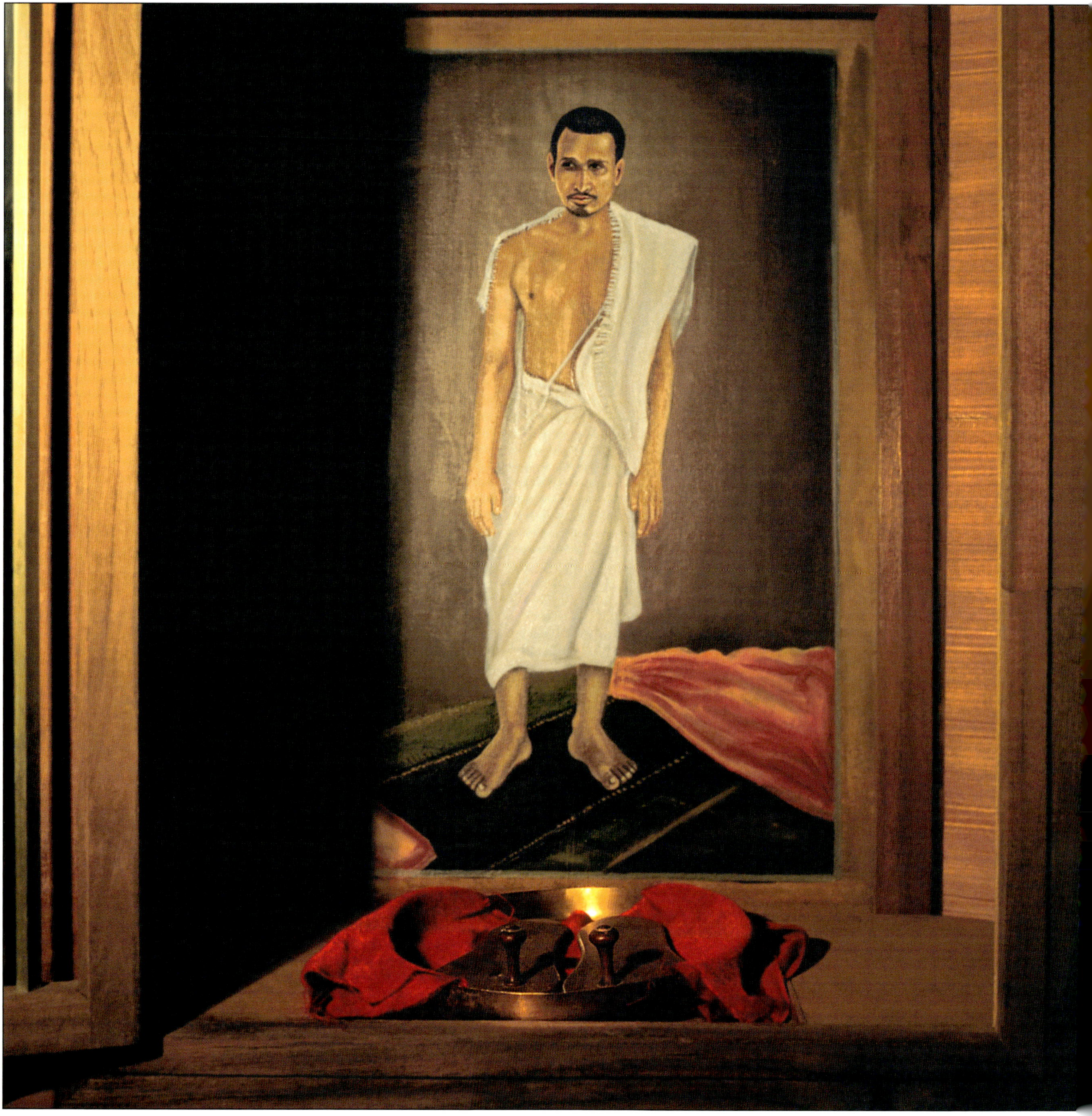

Arbeiten verrichten. Zu dieser Hütte gehört der gemauerte Platz zum Wäschewaschen rechts daneben.

Links hinter der Hütte ist ein Abschnitt der früheren Außenmauer des Guru Mandir zu sehen, die an das Hauptgebäude anschließt und sich nach links über die ganze Länge des Vorhofs fortsetzt. Als der Ram-Tempel noch nicht zum Guru Mandir gehörte, führte eine heute dafür nicht mehr benutzte Tür auf den Hof des Ram-Tempels. Die Bäume des Vorhofs, Kokospalme und Banyan-Baum, ragen dort bis über das flache Dach des Hauptgebäudes.

Diese Aufnahme vermittelt uns einen Eindruck von der massiven Bauweise des Hauptgebäudes. Schräg rechts hinter dem Fenster im Erdgeschoss befindet sich das Veden Mandir (s. Abb. 14 bis 16). Die beiden oberen Fenster gehören zur Galerie des Tempels.

Eine halbhohe Mauerbrüstung umgibt das Dach des Hauptgebäudes auf allen Seiten. Von dort aus kann man einen weiten Blick über Akkalkot und die umliegende Landschaft genießen.

Von unserem Standpunkt führen einige Stufen hinunter auf den freien Platz des Nebenhofs (im Bild nicht sichtbar). Wie der Vorhof des Guru Mandir ist er mit großen Steinquadern ausgelegt. An manchen Stellen trennt ihn nur eine halbhohe Mauer von einer der Gassen des Ortes, die durch ein Gittertor vom Hof aus zu erreichen ist. Entlang der dem Hauptgebäude gegenüberliegenden Mauer befinden sich einige Waschgelegenheiten für die Bewohner und Besucher des Guru Mandir (s. Skizze 1).

Für die Kinder, deren Eltern hier beschäftigt sind, ist der Nebenhof ein beliebter Spielplatz. In Indien ist es nicht ungewöhnlich, wenige Meter von Verehrungsplätzen entfernt zu spielen oder alltäglichen Arbeiten nachzugehen. Alles Leben wird als Teil der göttlichen Schöpfung betrachtet und kann nicht getrennt von ihr gesehen werden. Ihren Verehrungsstätten nähern sich gläubige Inder jedoch mit großem Respekt und tiefer Hingabe. Auch hier im Nebenhof ist es für jedermann selbstverständlich sich der Heiligkeit des Ortes entsprechend zu verhalten.

Abbildung 19

Dharma Mandir

Detail mit Gemälde und Padukas von Shree

Über eine Holztreppe rechts hinter dem Haupteingang zum großen Tempel gelangen wir auf die Galerie. Hier ließ Shree im Jahr 1978 diese Gedenkstätte errichten. In Skizze 3 ist sie mit n gekennzeichnet.

Der Schrein, Dharma Mandir genannt, beinhaltet ein Gemälde, das Shree darstellt und ein Paar Sandelholzsandalen auf einer Silberplatte. Diese Padukas werden bei der nachfolgenden Abbildung deutlicher gezeigt und beschrieben. Das Dharma Mandir erinnert an ein bedeutendes Erlebnis im Jahr 1950, welches Shree an diesem Platz zuteil wurde. Zunächst soll jedoch beschrieben werden, was sich in den Jahren davor ereignete.

Shree begann bereits in früher Kindheit mit intensiven geistigen Übungen und setzte sie fast ohne Unterbrechung viele Jahre lang fort. Seine große Sehnsucht und seine tiefe innere Verbindung mit dem Göttlichen kamen schon in sehr jungen Jahren zum Ausdruck. Seit der Schnurzeremonie im Alter von sieben Jahren bis etwa 1946 kleidete er sich in der Art, wie das Gemälde im Schrein es zeigt. Die Schnurzeremonie ist eine bei den Brahmanen übliche religiöse Handlung, die gewöhnlich vom Vater an seinem Sohn ausgeführt wird. Sie ist in etwa vergleichbar mit der Kommunion beziehungsweise der Konfirmation der christlichen Religionen. Als äußeres Zeichen erhält der Junge dabei eine geweihte

Schnur, die er von da an in der Art trägt, wie es auf dem Gemälde bei Shree zu sehen ist. Die Schnurzeremonie kann bereits in der Kindheit oder auch im jugendlichen Alter durchgeführt werden; bei Shree fand dieses Ereignis im Jahr 1925 statt. Es wurde in Vertretung seines Vaters vom Meister seiner Mutter, Shri Upasni Maharaj (s. Abb. 26), ausgeführt, bei dem Shree damals in Sakori lebte.

Mit der Schnurzeremonie änderte Shree aus eigenem Willen seine Lebensgewohnheiten. Ab diesem Zeitpunkt praktizierte er strenge geistige Übungen, in Sanskrit mit dem Oberbergriff Tapa bezeichnet, und hielt sich genau an die Vorschriften der Veden. Es war ihm ein Bedürfnis auf große Reinheit zu achten. Mehrmals am Tag duschte er und vermied sorgfältig die Berührung mit anderen Personen. In seiner äußeren Anspruchslosigkeit genügte ihm nachts eine grobe Decke als Lager. Morgens und abends widmete er sich mit großer Hingabe den Feuerzeremonien. Die Rezitation des Gayatri-Mantras (s. Abb. 25) war ebenfalls Teil seiner täglichen Übungen. Auch die Art, das Essen zu sich zu nehmen, erfuhr eine Veränderung. Zuerst tauchte er die Nahrung in den Fluss Prawara. Dadurch verlor sie ihren Geschmack. Anschließend legte er sie Shri Upasni Maharaj zu Füßen und erst nach dieser Geste der Ergebenheit nahm er sie zu sich. All diese strikten geistigen Übungen, die dazu beitragen, das Bewusstsein von äußeren Dingen weg auf das Wesentliche, das Göttliche, zu lenken, unternahm Shree bereits im Alter von sieben Jahren.

Ab 1926 lebte Shree beim Onkel seiner Mutter, Gangadhar Maharaj, im Guru Mandir in Akkalkot. Hier besuchte er die Schule, in der er als außerordentlich fleißiger Schüler auffiel. Die Berührung von anderen Personen versuchte er weiterhin zu vermeiden.

Im Zeitraum von 1935 bis 1937 hielt sich Shree zu Studienzwecken bei seinem Onkel, dem Arzt Madhavrao Savalapurkar in Khamgaon auf. Als sein Onkel aus beruflichen Gründen nach Buldhana umzog, setzte Shree seine schulische Ausbildung in Akkalkot fort, obwohl er sich weit mehr zu religiöser Literatur oder geistigen Übungen hingezogen fühlte. Mit der Abschlussprüfung, die noch im Jahr 1937 stattfand, beendete er schließlich die Studien um sich ganz geistigen Übungen zu widmen.

Im Februar 1938 hatte Shree ein besonderes Erlebnis: Etwa gegen 9 Uhr morgens führte er eine der täglichen heiligen Rituale im Haupttempel aus. Mit einem Mal vernahm er die Rezitation eines Mantras. Worte könnten die Stimme nicht beschreiben, die den heiligen Vers vortrug, ließ er später einige Ergebene wissen. Es war ein göttlicher Klang, ähnlich einem tiefen, mächtigen Donner, doch jenseits aller Vorstellungen. Shree wurde bewusst, dass göttliche Kraft ihn in das 32-silbige Mantra einweihte. Er wandte sich um, konnte jedoch niemanden entdecken. Wieder hörte er das Mantra. Trotz dieser beeindruckenden Stimme vermutete Shree, dass vielleicht Gangadhar Maharaj die heiligen Silben rezitierte und ging zur Ruhestätte des Meisters im Tempel, wo er ihn jedoch schlafend vorfand. Als Shree sich seiner unterbrochenen Tätigkeit wieder zuwendete, hörte er das Mantra zum dritten Mal. Nun war es für ihn sicher, dass dieses Mantra aus dem höchsten Licht gegeben wurde. Von diesem Tag an übte er es mit großer Hingabe.

Bei der Einweihung war die Wesenheit, die ihm das Mantra gegeben hatte, nicht in Erscheinung getreten. Es ist in der Tradition üblich, dass nur der Meister den Schüler in ein Mantra einweiht. Gangadhar Maharaj schlief aber zu diesem Zeitpunkt. Shree wusste deshalb nicht, wer wirklich sein Meister war, und sann oft darüber nach. Er beschrieb diese Situation später mit der einer verheirateten Frau, die nicht weiß, wer ihr Ehemann ist.

Als Gangadhar Maharaj ihn wenige Wochen nach dem Ereignis als seinen Nachfolger erwählte und ihn bat sein Mantra anzunehmen, zögerte Shree zunächst. Die Einweihung in ein Mantra bedeutet eine Meister-Schüler-Beziehung. Shree hatte jedoch bereits einen unsichtbaren Meister, dessen Mantra er übte. Schließlich stimmte er doch zu und wurde von Gangadhar Maharaj in das Mantra eingewiesen, das in der Tradition von Swami Samarth jeweils dem nachfolgenden Oberhaupt des Guru Mandir weitergegeben wurde. Am 11. März 1938 legte Gangadhar Maharaj während einer kleinen Feier Shree seinen Rudraksha-Rosenkranz um. Dann gab er ihm die Amtstracht und legte eine Stola über seine Schultern (s. Abb. 13). Die Hand auf das Haupt von Shree haltend nannte er ihn:

„Sadguru Gajanan Maharaj".

Nach der Übernahme des Guru Mandir setzte Shree dort, wo heute das Dharma Mandir steht, seine täglichen geistigen Übungen intensiv fort. Er schlief sehr wenig und verbrachte beinahe Tag und Nacht mit der Rezitation des Mantras, das er auf so ungewöhnliche Weise erhalten hatte. In dem Zeitraum, in dem Shree auf der Galerie Tapa durchführte, hatte er die Ausgabe der Veden, die jetzt im Veden Mandir aufbewahrt wird, bei sich auf der Galerie.

Etwa vier Jahre später, am 12. März 1942, erschien ein Yogi von ungewöhnlich großer, mächtiger Gestalt im Guru Mandir. Er gab sich Shree als Lord Parshuram zu erkennen und enthüllte ihm, dass er der unsichtbare Meister war, der ihm vor vier Jahren das Krishna-Shakti-Mantra gegeben hatte. Krishna-Shakti bedeutet so viel wie die kosmischen Kräfte, die durch Krishna verkörpert werden. Nun werde er ihn in ein besonderes Mantra, das Tripuri-Mantra, einweihen. Im Lauf der überlieferten Einweihungszeremonie blies Lord Parshuram auf eine besondere Weise einen gewaltigen Luftstrom in das Ohr von Shree, der jedes Atom in seinem Körper in Bewegung versetzte und auflud, wie Shree später erzählte. Dieser Vorgang stellte die Übertragung von bestimmten hohen Kräften dar. In der folgenden Zeremonie rezitierte Lord Parshuram verschiedene Mantras, die hohe Lichtkräfte ansprachen. Daraufhin nahm Shree in der Luft überall um sich herum die Anwesenheit dieser Kräfte in ihrer mythologischen Gestalt wahr. Sie schienen seine Verbindung mit dem Tripuri-Mantra zu bezeugen.

Bereits kurze Zeit nach der Einweihung stellte Shree fest, dass jedes Atom seines Körpers schon mit dem Mantra eins war. Die gewaltige Übertragung yogischer Kräfte durch Lord Parshuram ließ ihn den Zustand der Vollendung des Mantras erleben. Man sagt, dass ein Mantra so viel hunderttausend Male rezitiert werden muss, wie es Silben hat. Dann erst macht der Übende die Erfahrung der geistigen Kräfte, die der heilige Vers verkörpert. In den folgenden Tagen übte Shree viele verschiedene Mantras und erlebte oft noch am gleichen Tag ihre Vollendung. Da Shree bereits die Kräfte des höchsten Mantras, des Tripuri-Mantras, erlangt hatte, waren alle anderen Mantras in kürzester Zeit vollendet.

Das Tripuri-Mantra ist auch bekannt als Shri Vidya. Es beinhaltet gewaltiges geistiges Wissen (Sanskrit: vid), das laut Überlieferung ursprünglich von Lord Dattatreya an Lord Parshuram weitergegeben worden war. Mit diesem Wissen ist eine große Aufgabe verbunden, die Lord Parshuram nun Shree übertragen hatte. Tri bedeutet drei und kennzeichnet hier das Prinzip der Dreiheit, das überall in der Schöpfung zu finden ist (zum Beispiel: Körper, Seele und Geist); puri heißt Ort. Der Name macht deutlich, dass das Mantra auf allen drei Schöpfungsebenen wirkt. Es beeinflusst die Vergangenheit ebenso wie die Gegenwart und die Zukunft. Der Meister dieses Mantras hat Macht über alle Bereiche.

Shree setzte seine geistigen Übungen in den folgenden Jahren ununterbrochen fort. Im Jahr 1950 erschien Lord Parshuram erneut vor ihm. Dort, wo später das Dharma Mandir errichtet wurde, stellte Shree vor dem Ewigen Avatar seine Vollkommenheit im Umgang mit Mantras unter Beweis. Er rezitierte ein besonderes Mantra aus der mythologischen Kriegskunst, genannt Humkar - ein erschreckend lauter, nasal und rhythmisch hervorzubringender Laut, der von Mantrakräften begleitet wird. Lord Parshuram war hocherfreut über Shree. Es wird berichtet, dass er daraufhin in Form von Macht in den Körper von Shree eingetreten sei.

Diesem Ereignis des Verschmelzens mit höchstem Licht und höchster Macht und der vorausgegangenen unermüdlichen Hingabe an das Licht ist das Dharma Mandir, die „Stätte der ewigen Wahrheit", wie es übersetzt heißt, gewidmet.

Param Sadguru Shree Gajanan Maharaj, der über unvorstellbare geistige Kräfte verfügte, betrachtete sich selbst immer als Werkzeug und als Zeuge für das Wirken des Göttlichen Willens durch ihn. Immer wieder betonte er, dass Selbstverwirklichung nur durch vollkommene Unterwerfung unter den Göttlichen Willen erlangt werden kann. Das allein sollte das Ziel aller geistigen Übungen sein.

Mit tiefer Achtung stehen wir vor dieser Stätte, wobei uns einmal mehr im Guru Mandir bewusst wird, dass unser Bewusstsein die Geschehnisse sowie die tatsächliche Größe der göttlichen Wesenheiten und Meister hier nur erahnen kann.

यह स्थान है जहाँ परमसद्गुरुने अपने सर्वोच्च
अस्त्रविद्याके प्रभावसे निज सर्व श्रेष्ठ प्रभुको प्रसन्न किया।

This is the place where Paramasadguru
pleased his Lord with his Divine knowledge

Abbildung 20
Padukas von Shree
Nahaufnahme aus der Abbildung 19

Vor dem in Abbildung 19 gezeigten Gemälde stehen auf einem Messingtablett auf einem roten Tuch diese Sandelholz-Padukas. Es sind Sandalen, die Shree selbst getragen hat. Er machte sie einst Ratnakar R. Nargundkar zum Geschenk. Ratnakar hatte von Shree das Vorrecht erhalten jahrelang unter seiner direkten Führung und meist in seiner Anwesenheit geistige Übungen zu praktizieren. Im Lauf dieser Jahre erreichte Ratnakar geistige Höhen, wie sie nur ein Meister wie Shree zu vermitteln vermag (s. Abb. 36 und Ratnakars Buch „Sadguru's Bestowal"[8]). Die Padukas strahlen noch heute, vielleicht nicht sofort für jeden wahrnehmbar, hohes Licht aus, da sie mit einem Meister wie Shree in Berührung waren. Shree sagte bei einer anderen Gelegenheit:

Der Staub, der von den Füßen
einer vollkommenen Inkarnation des Allmächtigen
berührt wurde, bleibt für Tausende von Jahren heilig,
ungeachtet der Berührung einer höchst unheiligen Person.
In gleicher Weise bleiben Seine Gebrauchsgegenstände
unter allen Umständen heilig,
auch wenn sie von einer anderen Person berührt werden."

Die Sandalen besaßen für Ratnakar auch eine symbolische Bedeutung, die ihn zutiefst ergriff. Im Verlauf seiner geistigen Übungen und Erlebnisse konnte er immer mehr von der wahren Bedeutung und Größe von Shree erkennen. Mit diesen Erkenntnissen schien es ihm unmöglich im Besitz der Sandalen zu bleiben. Er gab sie in aller Demut und Dankbarkeit an Shree zurück. In der indischen Tradition werden Padukas sonst nicht an den Meister zurückgegeben. Shree veranlasste daraufhin, dass sie im Dharma Mandir aufbewahrt werden.

Die Inschrift in Hindi am unteren Rand des Schreins erinnert an das bedeutsame Ereignis, das hier im Jahr 1950 stattfand, als Shree vor Lord Parshuram seine geistige Meisterschaft bewies:

„Dies ist die Stelle, wo Param Sadguru
seinen Lord mit seinem göttlichen Wissen
und seinen göttlichen Kräften erfreute."

Eine zweite Gedenkstätte zeugt ebenfalls von diesem großen Geschehen. Sie wird bei der folgenden Abbildung beschrieben.

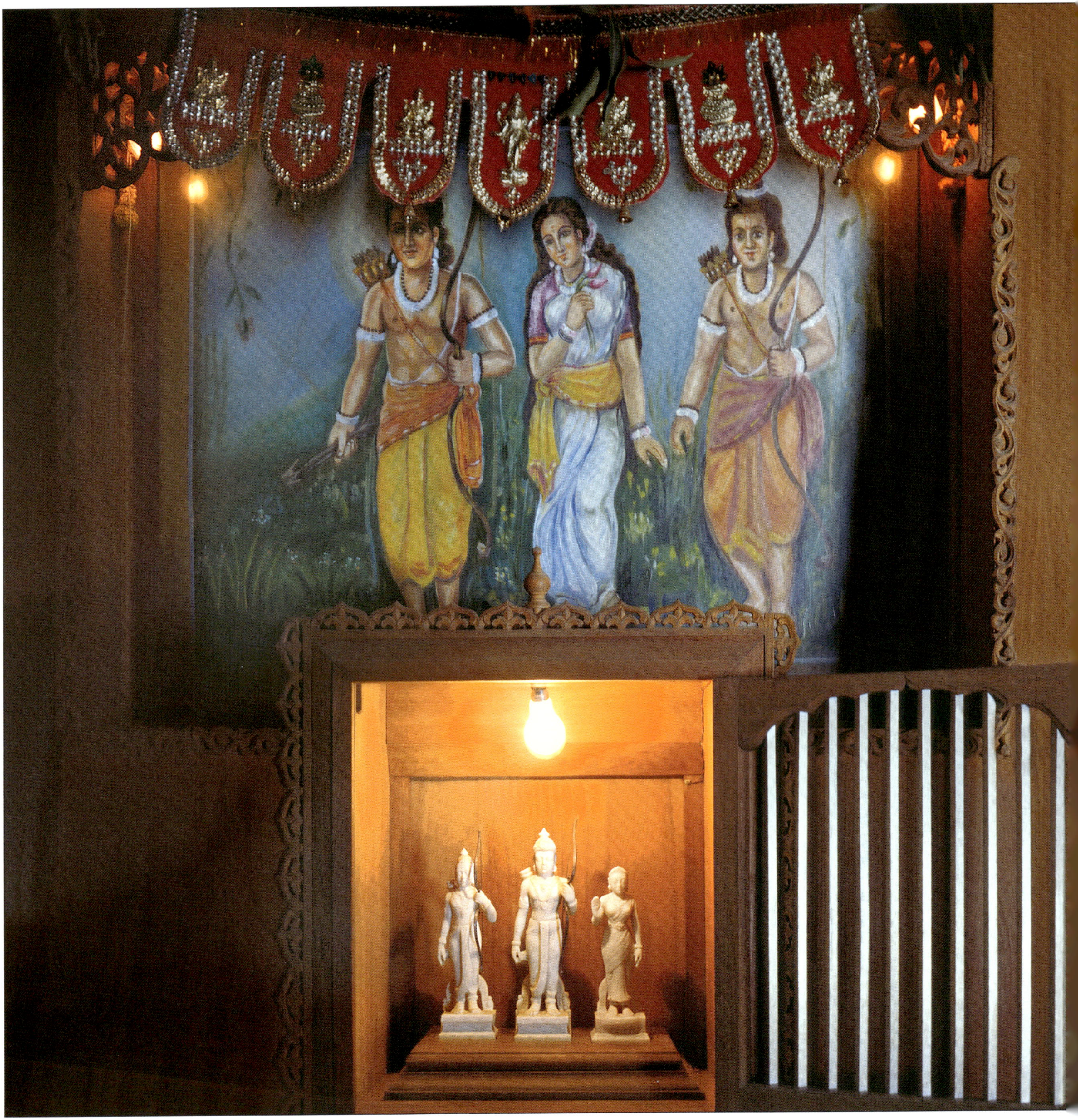

Abbildung 21
Schrein gegenüber dem Dharma Mandir

Gegenüber der in den Abbildungen 19 und 20 dargestellten Gedenkstätte befindet sich ein weiterer Schrein. Er ist in Skizze 3 mit o gekennzeichnet. Dieser Schrein wurde ebenfalls in Erinnerung an das große Geschehen errichtet, als Shree im Jahr 1950 mit der geistigen Macht von Lord Parshuram verschmolz. Bei diesem Ereignis waren die drei göttlichen Wesenheiten Ram, Laxman (sprich: Lakschman) und Sita zugegen, die Shree an dieser Stelle sah.

Der hölzerne Schrein, der etwas kleiner ist als das zuvor beschriebene Dharma Mandir, beherbergt Statuen von Ram (s. auch Text zu Abb. 17), Sita und Laxman. Über dem Schrein hängt ein Gemälde, das ebenfalls die drei Gottheiten darstellt.

Ram und Sita sind für den gläubigen Hindu das Vorbild einer vollkommenen Ehe. In ihnen verehrt er die ideale Verkörperung eines Mannes beziehungsweise einer Frau.

Laxman war als Bruder auch ein treuer Freund von Ram und begleitete ihn ins Exil und auf seinen erlebnisreichen Wanderungen. Von ihm wird erzählt, dass er Ram und seiner Gattin so ergeben war, dass er zeit seines Lebens Sita nur mit gesenktem Blick begegnete und so nur ihre Füße sah. Die drei göttlichen Wesenheiten wirken noch heute wie Beobachter und Bewahrer des heiligen Platzes, vor der Nachwelt bezeugend, was die Inschrift unter dem zuvor abgebildeten und beschriebenen Dharma Mandir besagt.

Unter den drei Statuen ist eine - hier im Bild nicht sichtbare - Schrifttafel angebracht. Der Text darauf lautet:

„An diesem Platz wurde Lord Ram, in welchem die Macht von Lord Parshuram gewohnt hatte, in Shree manifestiert."

Wir verlassen nun die Galerie und begeben uns wieder in den Eingangsbereich des großen Tempels.

Abbildung 22 / Seite 68
Treppenaufgang zu den oberen Privaträumen

Betritt man den Haupttempel vom Vorhof her, so befindet sich links, gegenüber dem Aufgang zur Galerie, eine Treppe. In Skizze 3 ist sie mit l gekennzeichnet. Sie führt zunächst in einen kleinen, quadratischen Vorraum und von hier aus zu den privaten Räumlichkeiten von Shree, die er von 1951 bis 1978 nutzte. Dieser Teil des Guru Mandir ist der Öffentlichkeit nicht zugänglich. Nur bei seltenen Gelegenheiten hatten einzelne Menschen auf Einladung von Shree die Möglichkeit, ihm in seinem privaten Raum zu begegnen und dort sein Darshan zu haben. Für die Aufnahmen zu diesem Bildband veranlasste Shree, dass die Tür geöffnet wurde. So erhalten wir in den Abbildungen 23 und 24 Einblick in seinen Ruheraum, der - seitdem Shree seinen Körper verlassen hat - in Ehren gehalten wird und meistens geschlossen bleibt.

Der Treppenaufgang wurde ausschließlich von Shree und seinen engsten Familienangehörigen benutzt sowie von den Ergebenen, die für Shree verschiedene Dienste verrichteten. Ursprünglich war es hier wie auf der gegenüberliegenden Seite des Tempels möglich über die Treppe auf die Galerie zu gelangen. Dieser Teil des Treppenaufgangs wurde jedoch geschlossen.

Zur Zeit als Shree noch die oberen Räume bewohnte, war es Teil seiner täglichen Disziplinen jeden Morgen pünktlich

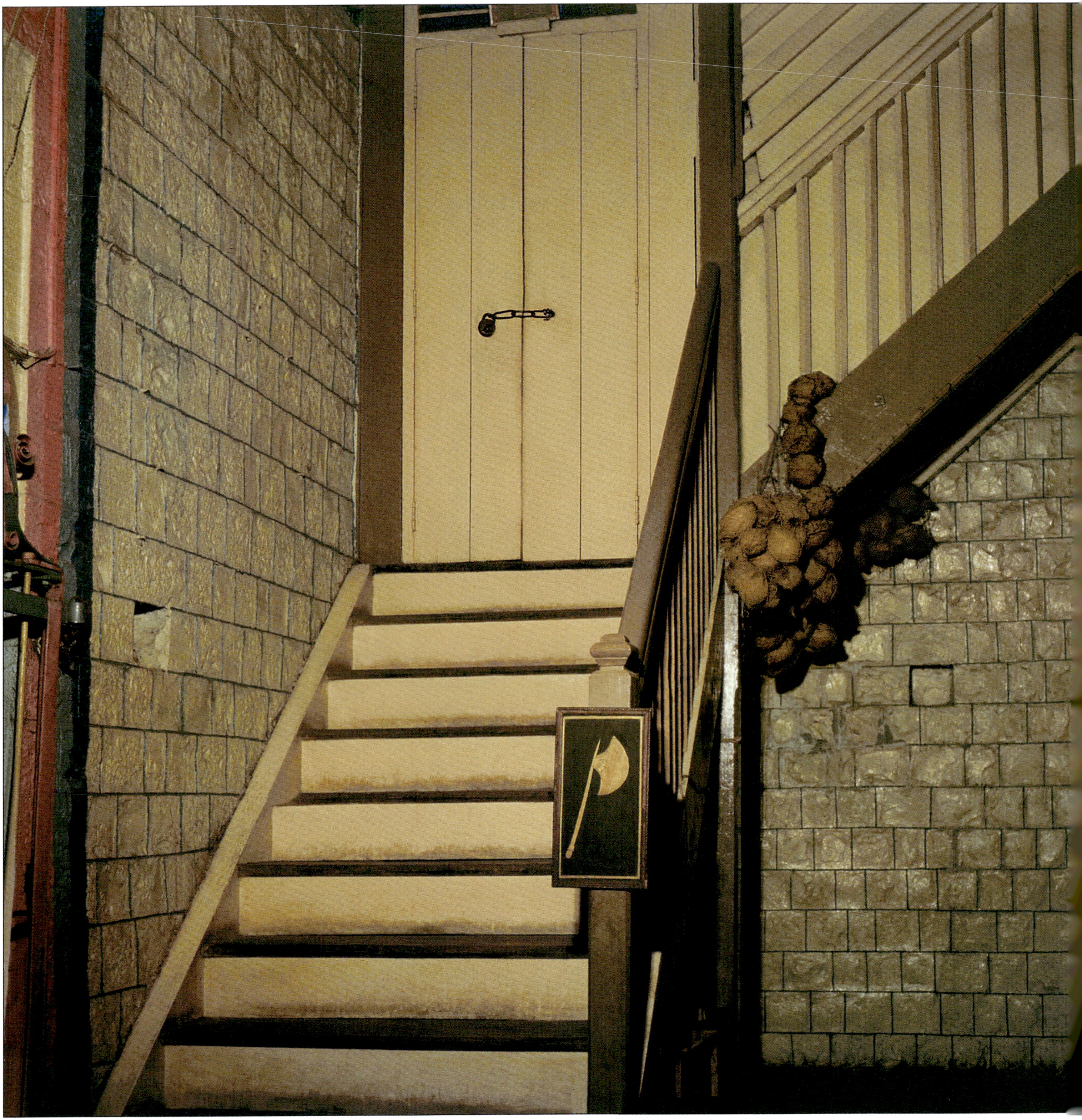

um vier Uhr aus der hier abgebildeten Tür zu treten. Ratnakar (s. Abb. 20) oblag es während seiner Aufenthalte im Guru Mandir die Tür genau mit dem Glockenschlag zu öffnen. Shree achtete stets auf Pünktlichkeit und strengste Einhaltung der Disziplinen. Er vergeudete nicht einen Augenblick seiner kostbaren Zeit.

Am Pfosten des Treppengeländers hängt das Strohbild einer Axt. Die Axt wird Lord Parshuram als symbolische Waffe zugeordnet, wie bei Abbildung 6 bereits beschrieben wurde. Mit ihr entmachtet er die Dunkelheit und durchtrennt die Fesseln, die den Menschen an die irdische Welt binden. Dabei wird vor allem Unwissenheit beseitigt und Klarheit im Denken und im Gemüt bewirkt. Laut Mythologie erhielt Lord Parshuram diese Axt einst nach intensiven geistigen Übungen von Lord Shiva.

Vom Treppengeländer hängen einige Kokosnüsse herab. Diese sind in Indien unter dem Namen Shri-phalam bekannt und vielfach als Zeichen der Verehrung über Türen zu heilig gehaltenen Räumen zu finden. Kokosnüsse werden bei verschiedenen Ritualen verwendet. Bei Abbildung 35 wird mehr über die Symbolik der Kokosnuss geschrieben. Wenn eine Kokosnuss von einem Meister überreicht wurde, bedeutet das immer, dass man seinen Segen erhalten hat. Sie ist auch ein beliebtes Geschenk von Ergebenen an ihren Meister, denn es ist Sitte und wird in den Schriften empfohlen nicht mit leeren Händen zu einem Meister zu kommen. Man sollte wenigstens eine Kokosnuss, oder wenn das nicht möglich ist, einige Blumen mitbringen um sie dem Meister zu Füßen zu legen.

Rechts hinter dem Treppenaufgang und daher hier nicht zu sehen befindet sich im Erdgeschoss der Eingang zum Darshan-Raum (in Skizze 3 mit h gekennzeichnet), den Shree seit 1978 als hauptsächlichen Aufenthaltsraum nutzte. Wenn sich viele Besucher im Guru Mandir aufhielten - manchmal über tausend - stand zu bestimmten Tageszeiten oft eine lange Reihe von Wartenden vor der Tür zum Darshan-Raum. Sie bereiteten sich innerlich auf die Begegnung mit Shree vor, während sie darauf warteten, den Raum betreten zu dürfen und seinen Segen zu empfangen. Nur wenigen wurde es geschenkt zu wissen, wer Shree wirklich war.

Wir gehen nun die Treppe hinauf und blicken in den Ruheraum von Shree.

Abbildung 23 / Seite 70

Ruheraum von Shree im Obergeschoss

Diese Abbildung gewährt einen Einblick in den Raum, den Shree bis 1978 für seine Nachtruhe nutzte. Er befindet sich auf halber Höhe zur Galerie direkt über dem Darshan-Raum. Der Ruheraum ist über einen Vorraum durch eine Tür - links von der Treppe aus gesehen - zu erreichen. In der Abbildung 7 sieht man im Obergeschoss zwei Fenster, die zu diesem Raum gehören.

Eine wohlig warme Atmosphäre und eine Flut von Lichtschwingungen strömen dem Eintretenden entgegen. Ganz ergriffen hält er inne und vergisst fast zu atmen. Er spürt die Heiligkeit des Raumes, in den er schweigend eintritt. Die Einfachheit seiner Gestaltung vermittelt einen besonderen Eindruck der Besinnung auf das Eigentliche, ausgelöst durch den Gesamteindruck und das im Mittelpunkt des Raumes stehende Bett. Es ist ein einfaches Ruhelager wie schon bei Abbildung 10 beschrieben.

Vor dem zugedeckten Bett steht auf einem Holzhocker eine Silberschatulle, deren Deckel mit Füßen verziert ist. In ihr liegen Sandelholz-Padukas von Shree, die er bis zum Jahr 1946 oder 1947 trug. Hierzu wird berichtet, dass Shree diese nach einem seiner jährlichen Besuche eines Tempels in Bombay nicht mehr anzog und nun barfuß seinen Weg

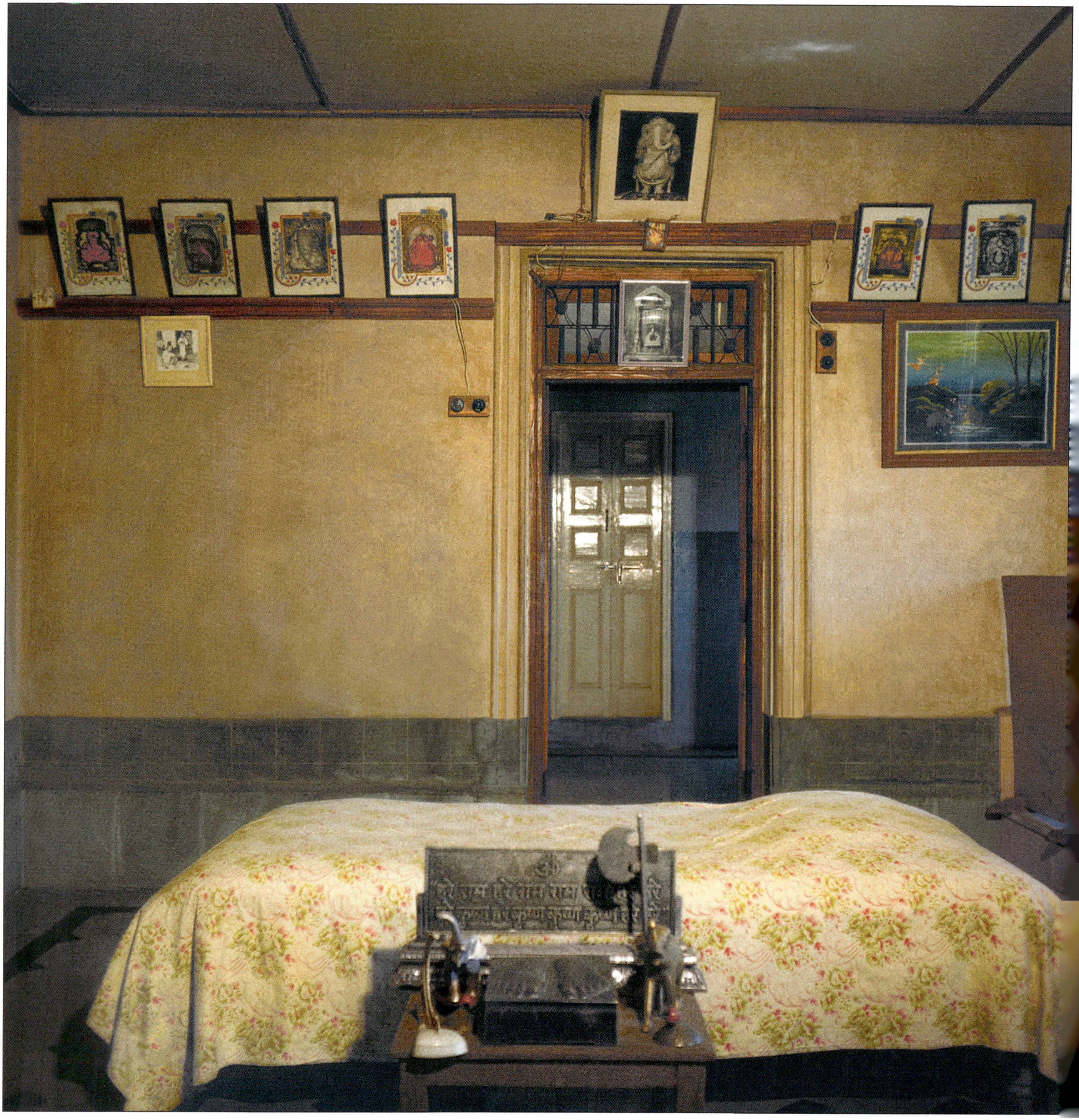

fortsetzte. Auch auf dem Weg zum Bahnhof zog er sie nicht wieder an. Herr Shabade, ein Schulkamerad und Ergebener von Shree, begleitete ihn zu dieser Zeit. Herrn Shabade wurde an diesem Tag von Shree wiederholt aufgetragen, die Padukas sorgfältig zu verwahren. Er brachte diese daraufhin in das Guru Mandir. Etwa drei Tage später sah Herr Shabade in einer deutlichen Vision, dass diese Padukas von Swami Samarth getragen wurden. Er erzählte anschließend Shree davon. Als Shree hörte, dass Swami Samarth auf diesen Padukas gestanden habe, schien es ihm nicht mehr möglich nochmals in den Schuhen zu gehen. Aus tiefer Achtung verzichtete er fortan auf jegliches Schuhwerk. Es wird jedoch gesagt, dass Shree in feinstofflicher Form auf diesen Padukas ständig anwesend sei.

Die beiden Elefanten, rechts und links der Schatulle, stehen wie beim Veden Mandir stellvertretend für die Silbe OM. OM ist der ursprüngliche Mantrasound, aus dem das Universum und alles Wissen entstanden ist. Die Form des Elefantenkopfes zusammen mit dem Rüssel ähnelt der Silbe OM des Sanskritalphabets. So ist es erklärlich, dass Lord Ganpati als Gottheit des Wissens sinnbildlich mit Kopf und Rüssel eines Elefanten dargestellt wird.

Mit den Zimbeln, die jeweils vor den Elefanten liegen, begleitete Shree - wie auch vor ihm seine Mutter Sonamata - die Rezitation des Hare-Ram-Mantras. Die Schrifttafel hinter der Schatulle trägt die heilige Silbe OM und den vollständigen Wortlaut des Hare-Ram-Mantras.

Das Symbol von Lord Parshuram, die Axt, ist auch hier gegenwärtig.

An der Wand rechts und links des Durchgangs, der zum damaligen Baderaum von Shree führt, hängen jeweils vier Bilder nebeneinander (rechts sind hier nur zwei zu sehen; die Bilder auf der rechten Seite werden bei der folgenden Abbildung beschrieben). Sie alle zeigen Statuen von Lord Ganpati, die sich an verschiedenen besonderen Pilgerorten beziehungsweise Tempeln in Indien befinden. Ganpati, auch Ganesha genannt, gilt in der indischen Mythologie als Verkörperung der Weisheit. Der Sohn von Lord Shiva und seiner Gemahlin Parvati wird in elefantenähnlicher Gestalt dargestellt. Viele Legenden ranken sich um seinen Elefantenkopf, um den Verlust des einen Stoßzahnes und vieles mehr. Sie sind im Vaivarta Purana, einem alten Schriftwerk, wiedergegeben. Lord Ganpati stellt den Aspekt Gottes dar, der von Hindernissen befreit. In der Mythologie wird die Maus als sein Begleittier beschrieben, die auf ihre Art ebenfalls viele Hindernisse überwindet. Oft beginnen gläubige Hindus einen neuen Lebensabschnitt oder ein besonderes Geschehen mit einer Zeremonie zu Ehren von Lord Ganpati. Ausführliches zur geistigen Bedeutung dieser mythologischen Gottheit ist im Werk „Erfüllte Verheißungen"[3] enthalten.

Die Abbildungen im Ruheraum zeigen von links nach rechts die Ganpati-Statuen der Tempel in Ranjangaon, Madh, Theur und Lenyadri. Unterhalb dieser vier Bilder ist ein Foto von Shrees Sohn Shreekant angebracht. Es zeigt ihn während seiner Schnurzeremonie (s. Abb. 19) am 9. Juni 1963 im Guru Mandir. Ein zweites Foto von Shreekant ist im Detail auf dieser Seite und in der folgenden Abbildung zu sehen. Dort soll dann mehr über ihn gesagt werden.

Das obere, große Bild über der Tür und das kleinere darunter stellen ebenfalls Statuen von Lord Ganpati dar. Das untere Bild über der Tür zeigt die Fotografie eines silbernen Schreins, der im Original im Darshan-Raum im Untergeschoss zu sehen ist. Über seine besondere Bedeutung wird bei Abbildung 29 berichtet.

Die folgende Abbildung zeigt uns den rechten Teil dieses Raumes.

Detail aus **Abb. 24** (Fotografie)
Shree und sein Sohn Shreekant

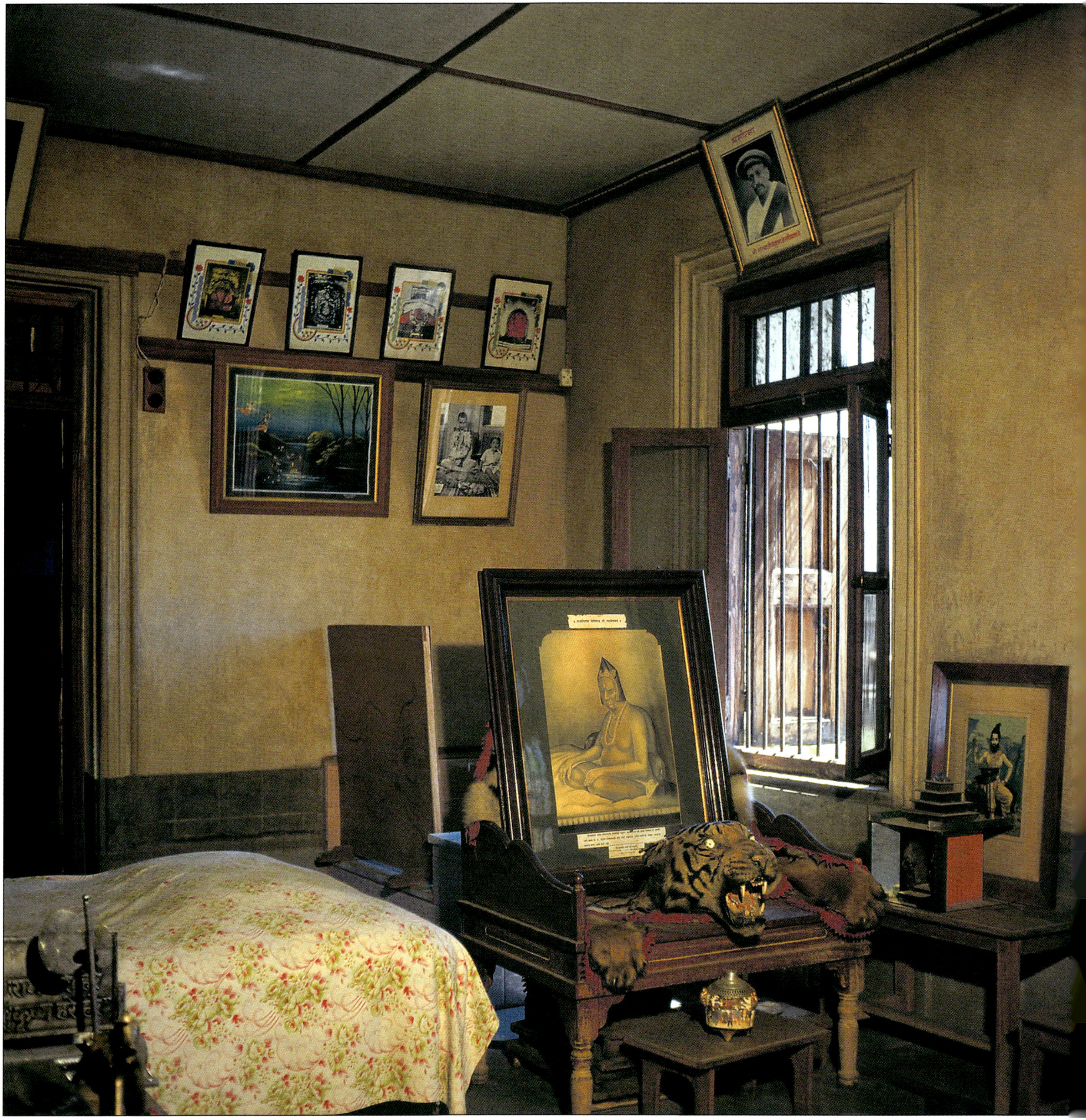

Abbildung 24

Ruheraum von Shree im Obergeschoss

Rechte Seite

Diese Aufnahme ergänzt die Abbildung 23. Auf der linken Seite ist ein Teil des Bettes und die bereits erwähnte Axt zu sehen.

Shrees tiefe Verehrung für alles Heilige und göttliche Kräfte Symbolisierende mag der Grund gewesen sein, dass er sich - wie später auch in seinen anderen Räumen zu sehen sein wird - mit entsprechenden Gegenständen, Bildern und Statuen umgab.

Rechts neben dem Bett liegt auf einem Stuhl ein Tigerfell. Mitglieder einer königlichen Familie gelangten einst in den Besitz dieses Felles. Sie bemerkten, dass sich aus seiner natürlichen Zeichnung besondere Symbole deutlich hervorhoben, wie zum Beispiel der Dreizack von Lord Shiva unter dem rechten Auge und das OM-Zeichen zwischen den Augen des Tigers (in der Abbildung nicht zu sehen). Diese Besonderheiten veranlassten die Familie das Fell Shree zu schenken. Einmal im Jahr findet es am Tag des Guru Purnima in einer Zeremonie Verwendung. Das Bild auf dem Stuhl zeigt Swami Samarth.

Auf dem niedrigen Holzschemel vor dem Tigerfell steht ein kleines Gefäß, das Shree von Ergebenen aus Japan geschenkt wurde. Darin wurden die Zähne von Shree aufbewahrt, nachdem sie ausfielen.

An der Wand, rechts von dem Tigerfell und dem Bild, lehnt auf einem kleinen Holztisch ein Gemälde, das Lord Parshuram darstellt und ihn mit seinen Symbolen Axt und Bogen zeigt. Auch die Statue in dem kleinen Schrein vor diesem Gemälde stellt Lord Parshuram dar.

Im Hintergrund ergänzen rechts von der Tür vier Bilder mit Ganpati-Darstellungen die Reihe, welche bei Abbildung 23 bereits beschrieben wurde. Hier sind von links nach rechts die Ganpati-Statuen in Siddhadek, Junnar, Pali und Ozar abgebildet. Es ist das Ziel vieler Inder, im Lauf ihres Lebens möglichst all diese Orte und deren Tempel zu besuchen.

Das große Gemälde darunter zeigt Lord Krishna mit einigen Hirtenmädchen. Er ist wie Lord Ram eine der meistgefeierten mythologischen Gottheiten Indiens. Krishna wird als achte Inkarnation von Lord Vishnu verehrt. Wie Ram ist er also keine rein mythologische Gestalt, was auch durch die Offenbarung von Shree (s. Abb. 14) bestätigt wird. Dennoch sind viele Fabeln und Legenden um ihn entstanden. Er ist die zentrale Figur der Bhagavad-Gita, des berühmtesten und schönsten Teils des indischen Heldenepos Mahabharata. Lord Krishna, in dem Arjuna das höchste, allgegenwärtige Bewusstsein erkennt, belehrt Arjuna darin über die Verwirklichung von höchstem Licht und teilt ihm hohes Wissen mit. Dieses Gemälde bezieht sich auf eine der Legenden, die sich um Krishna ranken: Als er sich einst bei den Hirten Vrindabans aufhielt, waren die Gopi genannten Milchmädchen seine innigen Verehrerinnen. Sie gelten seitdem als Symbol und Vorbild für hingebungsvolle, tiefe Gottesliebe.

Neben dem Gemälde zeigt eine Fotografie Shree und seinen Sohn Shreekant. Er wurde am 24. September 1953 geboren. Shreekant lebte stets in nächster Nähe von Shree und hatte so Teil am großen Werk seines Vaters. Schon früh begann er die Verbreitung des Fünffachen Pfades zu unterstützen und begleitete Shree auf seinen Reisen. Er studierte vedisches Wissen, wobei er sich vor allem dem medizinischen Bereich Ayurveda widmete. Shreekant ist mit allen zum Guru Mandir gehörenden Bereichen eng vertraut. Noch zu Lebzeiten von Shree wurde er von ihm zum Mitglied der Treuhandgesellschaft bestimmt, die das Guru Mandir verwaltet. In großer Achtung und Verehrung seines Vaters nimmt Shreekant, nachdem Shree seinen Körper verlassen hat, alle Aufgaben in Shivapuri und im Guru Mandir wahr, um das große Werk seines Vaters zu bewahren, zu pflegen und weiterzuverbreiten. Auch seine etwa 7 Jahre ältere Schwester Pushpa widmet sich zusammen mit ihrem Mann ganz dem Werk

महासती
सानामाता

श्रीमन् महास्वामी
शिवानंद योगींद्र महाराज

von Shree und der Verbreitung der Essenz des vedischen Wissens.

Auf der über dem Fenster angebrachten Fotografie ist Tatyaji Maharaj zu sehen. Er ist der Großvater von Shree väterlicherseits. Über sein besonderes Leben und Wirken wird im Bildband Shivapuri bei den Abbildungen 48 und 49 ausführlich berichtet.

Mit der folgenden Abbildung wenden wir uns den Eltern von Shree zu: seinem Vater Swami Shivananda und seiner Mutter Sonamata.

Abbildung 25

Große Gemälde, die Eltern von Shree darstellend

Diese Gemälde befinden sich rechts neben der Eingangstür im Ruheraum von Shree. Sie zeigen seinen Vater Swami Shivananda und seine Mutter Sonamata. Beide widmeten ihr Leben ganz dem Göttlichen und der Verwirklichung des Göttlichen und wurden bereits zu Lebzeiten als Heilige betrachtet.

Swami Shivananda kam 1892 auf die Welt. Von seinen Eltern Tatyaji Maharaj Rajimwale und Girija Rajimwale erhielt er den Namen Laxman. Bereits in seiner Jugend fiel auf, dass sein ganzes Denken und Fühlen auf die Verwirklichung von höchstem Licht ausgerichtet war. Er lebte sehr zurückgezogen und widmete sich intensiven geistigen Übungen. Mehrmals täglich reinigte er den Körper gründlich, rezitierte hingebungsvoll Mantras und beschäftigte sich ausschließlich mit religiösen Büchern. Sehr häufig befand er sich im Zustand der Meditation und verbrachte oft den ganzen Tag im Gebet versunken. Die Verbindung mit Sonamata Shingavekar wurde im Jahr 1910 vereinbart. Danach studierte er an der Universität von Kalkutta und später am Hislop-College in Nagpur. Wegen der Krankheit seines Vaters brach er die Ausbildung ab und kehrte nach Raipur, etwa 1000 Kilometer östlich von Mumbai, zurück.

Sein Vater Tatyaji Maharaj wünschte sich sehnlichst ein Enkelkind. Swami Shivananda begann deshalb regelmäßig religiöse Zeremonien auszuführen, die ihm in einer Vision gezeigt worden waren. Am 17. Mai 1918 ging sein Wunsch in Erfüllung, als unter verschiedenen großen Vorzeichen ein Junge geboren wurde, der den Namen Gajanan erhielt. Ihm folgte im Jahr 1921 am 13. Juli ein Mädchen, das Kamala genannt wurde. In diesem Jahr durchlief Swami Shivananda große, oft sehr seltsam anmutende geistige Umwandlungen. Niemand in seiner Umgebung konnte sich erklären, warum er in einem Augenblick in Tränen ausbrach, im nächsten Moment jedoch herzlich lachte und manch andere, scheinbar unverständliche Verhaltensweisen zeigte. Erst Upasni Baba (s. Abb. 26), zu dem ihn Sonamatas Vater brachte, erkannte, dass Swami Shivananda beinahe den hohen Bewusstseinszustand eines Siddha-Yogi erreicht hatte. Es ist erwiesen, dass ein geistig Strebender im Verlauf seiner intensiven Übungen Zustände erleben kann, die Außenstehende an Besessenheit oder Geisteskrankheit erinnern können. Das geschah auch bei Swami Shivananda und nur eine hoch entwickelte Seele wie Shri Upasni Maharaj konnte seinen wahren Zustand erkennen. Er erklärte, dass Swami Shivananda ein vollendeter Yogi sei.

Nachdem im Jahr 1924 seine Frau Sonamata die Erde verlassen hatte, hielt sich Swami Shivananda in Dirgah auf, einem kleinen Dorf im heutigen Staat Madhya Pradesh, wo seine Vorfahren gelebt hatten. Dort lebte er in ständiger Meditation und erreichte den Zustand des Nadha-Brahma-

Yogi, in dem die Seele fortwährend in Einheit mit dem Klang OM schwingt. Vor seinem Haus umgaben ihn oft große Schlangen. Daher warnte er die Leute davor, ihn abends aufzusuchen:

> "Ich bin Mahadeva. Schlangen umgeben mich - niemand sollte sich mir nähern."

Für einen Nada-Brahma-Yogi ist es möglich in seinem Bewusstsein die Einheit mit dem Höchsten Sein oder verschiedenen Aspekten des Seins zu erleben. Das Bewusstsein von Swami Shivananda hatte sich mit Lord Shiva verbunden, der auch oft mit Mahadeva, das bedeutet "Der große Gott", angesprochen wird. Das hat seine Ergebenen dazu veranlasst, in ihm eine Wiedergeburt von Lord Shiva zu sehen. Shree bestätigte dies später (s. Bildband Shivapuri, Abb. 18).
Nada Brahma bedeutet:

> "das Wort, das am Anfang war, das bei Gott war und durch das alles geschaffen wurde".

Dies erinnert uns fast wörtlich an den Anfang des Johannes-Evangeliums. Einmal mehr zeigt dies, dass unterschiedliche Religionsrichtungen in ihren tiefen Wahrheiten eng miteinander verbunden sind.
Shree rief 1938 seinen Vater zu sich nach Akkalkot ins Guru Mandir. Hier lebte Swami Shivananda in völliger Abgeschiedenheit. Die meiste Zeit verbrachte er oben auf der rechten Seite der Galerie im Haupttempel, wo er mit niemandem außer mit Shree einige Worte wechselte. Von Leuten hielt er sich fern und verließ die Galerie nur um zum Bad oder zum Essen nach unten zu gehen. Er hielt sich fast ständig im Zustand des Samadhi auf. Ohne Unterlass rezitierte er die heilige Silbe OM. Man erzählt, dass sogar im Schlaf in seinem Atmen OM zu vernehmen gewesen sei.
Am 16. April 1954 beendete Swami Shivananda seinen irdischen Aufenthalt. Nach einem zeremoniellen Bad wurde sein Körper am 17. April in einer Prozession in das etwa drei Kilometer entfernte Shivapuri gebracht. Noch heute spricht man darüber, dass das Antlitz von Swami Shivananda so fröhlich und strahlend gewesen sei, dass viele Menschen in den Straßen die Prozession für Geburtstagsfeierlichkeiten hielten und ihm zujubelten.

In aufrecht sitzender Haltung wurde sein Körper in der vorgesehenen Gruft in Shivapuri beigesetzt. Um 12 Uhr mittags wurde diese am Vollmondtag des indischen Mondmonats Chaitra versiegelt. Die Grabstätte ist als "Swami Shivanandas Samadhi" bekannt.

*

Auch das Leben von Sonamata, der Mutter von Shree, ist reich an außergewöhnlichen Begebenheiten. Zunächst aber soll einiges über die Umstände und Ereignisse erzählt werden, welche dieser hohen Geburt vorangingen.
Ihr Vater, Bhao Saheb Shingavekar, ein Bruder von Gangadhar Maharaj, war ein sehr religiöser Mensch. Mit großer Sorge beobachtete er den allgemeinen Verfall des geistigen Lebens und suchte nach Möglichkeiten, dem entgegenzuwirken. Immer stärker wurde ihm dabei bewusst, dass allein die Geburt eines göttlichen Wesens den Verlauf der Dinge ändern könnte. Um jedoch die Geburt einer so hohen Inkarnation zu ermöglichen, bedurfte es seiner Meinung nach einiger Vorbereitungen auf geistiger Ebene und einer außergewöhnlichen Frau und Mutter. Bhao Saheb begann daraufhin mit der ständigen, hingebungsvollen Rezitation des Gayatri-Mantras. Dieses rezitierte er so viel 100 000-mal, wie es Silben hat. Diese Anzahl der Übungen in Kombination mit der entsprechenden inneren Haltung gilt als Vollendung eines Mantras. In einer Vision erschien ihm daraufhin die Göttin Gayatri, die ihm versprach, als seine Tochter wieder geboren zu werden.
Gayatri, auch Savitri genannt, gilt in der Mythologie unter anderem als die Gemahlin von Brahma und als Mutter der vier Veden. Einer der heiligsten Verse aus dem Rigveda trägt ebenfalls den Namen Gayatri. Gläubige Hindus betrachten die Einweihung in das Gayatri-Mantra als zweite Geburt! Die tägliche Rezitation dieses Mantras bewirkt, um nur einiges zu nennen, die Reinigung des Gemüts, die Befreiung von Begrenzungen und das Vertreiben der Dunkelheit im Menschen.
Am 4. Juni 1899 kam Sonamata in Raipur im Staat Madhya Pradesh zur Welt. Ihre Mutter starb sehr früh, sodass Sonamata ihre Kindheit teilweise bei ihrem Onkel Gangadhar Maharaj in Raipur verbrachte. Sie war ein sehr mitfühlendes, äußerst

hilfsbereites Kind und half ihrem Vater schon in jungen Jahren bei der Unterstützung bedürftiger und Not leidender Menschen.

Bereits im Alter von elf Jahren wurde Sonamata mit dem Segen von Balappa Maharaj an Laxman Rajimwale versprochen. Sie blieb noch einige Jahre in Kharagpur bei ihrem Vater, der sie mit zu Shri Upasni Maharaj nahm. Durch ihn erfuhr sie später, dass sie „dem Licht des Universums" das Leben schenken werde. Sonamata hatte vierzehn bedeutungsvolle Träume und Visionen von zukünftigen Begebenheiten. Es gilt als sicheres Vorzeichen, dass eine göttliche Wiedergeburt bevorsteht, wenn eine Frau vierzehn Träume und Visionen in der Art hat, wie sie Sonamata gegeben wurden. Am 17. Mai 1918 um 0.42 Uhr kam Shree Gajanan Maharaj in Kharagpur auf die Welt.

An seinem Körper entdeckte Sonamata mehrere Zeichen wie zum Beispiel die Lotosblüte, einen Elefanten und das OM-Zeichen; der Nagel der rechten großen Zehe war rot - das gleiche Geburtszeichen, das auch Buddha hatte. Zwölf solcher Merkmale am Körper gelten in Indien als eindeutiger Hinweis darauf, dass es sich bei dem Kind um ein göttliches Wesen handelt. Am Körper von Shree waren mehr als vierzehn Symbole zu erkennen.

Wie bereits beschrieben wurde Sonamata und Swami Shivananda im Jahr 1921 eine Tochter Kamala geboren. In demselben Jahr näherte sich Swami Shivananda dem bereits erwähnten Zustand eines vollendeten Yogi. Er verlor immer mehr die Bindung an seine Familie. Auch Sonamata hatte sich innerlich vom weltlichen Leben ganz zurückgezogen. Sie beschloss weiterhin in Sakori in der Nähe von Shri Upasni Maharaj zu leben und widmete sich dort intensiv dem Dienst an Armen und Unterdrückten. Ihre Kinder hielten sich häufig bei Shri Upasni Maharaj auf und wurden zwei Jahre nach ihrem Weggang von der Erde in die Obhut von Gangadhar Maharaj gegeben.

Aufgrund einer besonderen Begebenheit (s. Abb. 26) wurde 1922 durch Sonamata das Hare-Ram-Mantra in seiner ursprünglichen Form wieder eingeführt. Ein anderer Name für dieses Mantra ist auch Kali-Kalmashanashan-Mantra, was so viel bedeutet wie: das heilige Mantra, das die Sinne von Übeln und Unreinheiten reinigt, die durch das Kali-Zeitalter, das Zeitalter der Dunkelheit, erzeugt wurden. Die drei heiligen Worte Hare, Ram und Krishna symbolisieren Tretagni, die drei heiligen Feuer des alten Agnihotra (s. Abb. 15 und 29). Auf diese Weise war die Verbreitung des Hare-Ram-Mantras wegbereitend für die Wiederbelebung der vedischen Feuerzeremonien durch Shree. Seit Sonamata es 1922 in Sakori sang, wird es dort ununterbrochen rezitiert. Zwei Jahre später verschlechterte sich plötzlich der Gesundheitszustand von Sonamata. Als sie ihr Lebensende nahen fühlte, rief sie ihren Sohn Gajanan zu sich und segnete ihn mit den Worten:

„Du wirst sein wie Dhruva."

Ein Kind namens Dhruva wurde einst zum Sinnbild für den Polarstern. Nach diesen außergewöhnlichen Worten wies Sonamata ihren Sohn an, die nächsten vier Tage nicht zu ihr zu kommen. Er sollte diese Zeit mit der Verehrung der Padukas von Lord Dattatreya verbringen.

Shree erwähnte oft, dass der Segensspruch seiner Mutter das Wertvollste in seinem Leben darstellte. Bereits zur Zeit von Jesus hatte ein Stern auf Höchstes Licht hingewiesen. Der Polarstern ist als unbewegter Himmelskörper seit Urzeiten ein Wegweiser für alle Suchenden und Rettung für Verirrte. Im Segensspruch von Sonamata deutet er außerdem darauf hin, dass Shree in der geistigen Welt einen ewigen und unverrückbaren Platz einnimmt.

Vier Tage später, am 22. Juni, bat Sonamata ihren Meister Shri Upasni Maharaj zu sich, brachte ihm Verehrung entgegen und mit ihrem Haupt auf seinen Füßen gab sie ihren Körper auf. Selbst am Vormittag des nächsten Tages ging noch ein wundervoller Glanz von ihm aus und die Ärzte stellten eine Körpertemperatur von 36,3° Celsius fest. Shri Upasni Maharaj bettete den Körper von Sonamata in Sakori zur Ruhe.

Für Shree war es fester Bestandteil eines jeden Tagesablaufes seinem Vater und seiner Mutter an deren Gedenkstätten in Shivapuri Ehre zu erweisen.

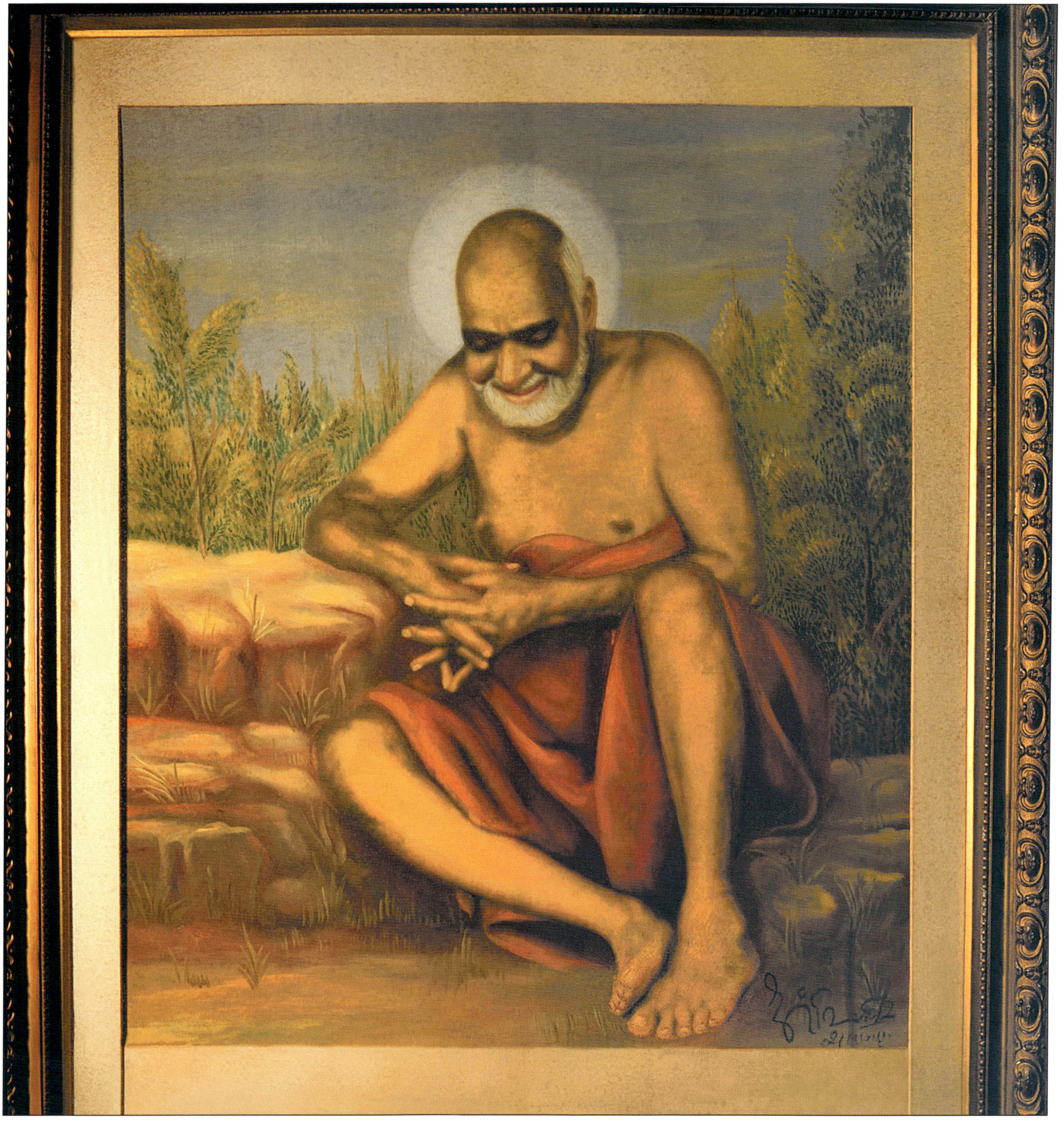

Abbildung 26
Gemälde, Shri Upasni Maharaj darstellend

Wir verlassen den Ruheraum von Shree im Obergeschoss und gehen die Treppe hinunter zum Haupttempel. Rechts vom Treppenaufgang hängt an der Wand ein Gemälde, das in der Skizze 3 mit g bezeichnet wird. Es stellt Shri Upasni Maharaj dar, den Meister von Shrees Mutter Sonamata.

Das Bild zeigt ihn, wie er in tiefer Meditation den Zustand der Glückseligkeit erlebt. Ein feines Lächeln überzieht sein Antlitz und lässt uns ahnen, dass sich sein Bewusstsein in lichtvollen Bereichen aufhält. Wenn wir das Gemälde auf uns wirken lassen, so werden wir berührt von der Innigkeit und dem tiefen Frieden, die von Shri Upasni Maharaj ausgehen. Ein besonders hohes Lichterlebnis, wie es der Maler hier darstellte, wird dem Meditierenden meist erst nach jahrelangen, intensiven Übungen und Vorbereitungen geschenkt. Beim Betrachten des Gemäldes können wir einen kleinen Hauch dessen erahnen, was auf diesem Weg zu erleben ist. Die Gegenwart eines lebenden hohen Meisters ist eine unschätzbare Hilfe auf dem geistigen Entwicklungsweg. Allein seine Ausstrahlung bewirkt eine positive Veränderung des Bewusstseins und vermittelt Anregung, selbst intensiver auf dem geistigen Weg voranzuschreiten.

Der Maler stellte das Haupt von Shri Upasni Maharaj von einem hellen Licht umgeben dar. Was in westlichen Religionen im Allgemeinen als Heiligenschein bezeichnet wird, ist unter bestimmten Voraussetzungen sichtbar. Es ist gleichzeitig ein Zeichen dafür, dass das entsprechende Energiezentrum in seine höhere Funktion eingetreten ist.[2]

Über das Leben von Shri Upasni Maharaj ist nur wenig bekannt. Er wurde im Jahr 1870 geboren und widmete sich ganz der Meditation und dem Dienst an den Menschen. Viele vertrauten sich ihm als Schüler an und verehrten ihn als hohen Heiligen. Oft nannten sie ihn Upasni Baba. Auch Bhao Saheb Shingavekar, der Vater von Sonamata, gehörte zu seinen Ergebenen. Er wandte sich an Shri Upasni Maharaj, als Swami Shivananda im Jahr 1921 eine große geistige Umwandlung erfuhr (s. Abb. 25). Der Einblick von Upasni Baba in die geistige Welt ließ ihn damals als einzigen den wahren Zustand von Swami Shivananda erkennen. Er sah, dass dieser fast die Stufe eines vollendeten Yogi erreicht hatte.

Wie im Text zur vorangegangenen Abbildung beschrieben, kam Sonamata bereits in ihrer Kindheit in Kontakt mit Shri Upasni Maharaj. Hier erfuhr sie später, wofür sie ausersehen war. In Gegenwart des Meisters hatte sie viele Erlebnisse. Zu diesen gehört ein bedeutungsvolles Ereignis aus der Zeit, als Shree vier Jahre alt war:

Shri Upasni Maharaj begab sich am 30. November 1922 in einen hölzernen Käfig und war nicht mehr zu bewegen diesen zu verlassen. Die Menschen in seiner Umgebung fragten erschüttert nach der Ursache für sein Verhalten und baten ihn inständig wieder herauszukommen. Shri Upasni Maharaj erklärte jedoch, dass dieser Behälter das Leben symbolisiere, das mit all seinen weltlichen Dingen wie ein Käfig sei, in dem der Mensch gefangen ist. Er fragte jeden der Umstehenden, wodurch man aus dieser Lage befreit werden könnte, aber niemand wusste eine Antwort. Auch Sonamata sann darüber nach und bot schließlich am 2. Dezember eine Lösung an, die sogleich öffentlich verkündet wurde: Sie rezitierte das Hare-Ram-Mantra, das lange Zeit in Vergessenheit geraten war und nun durch sie neu belebt wurde. Augenblicklich verließ Upasni Maharaj hocherfreut den Käfig. Auf diese Weise zeigte er, dass dieses Mantra eine unschätzbare Hilfe darstellt um weltliche Schwierigkeiten und Bindungen zu überwinden.

Shree betonte im Jahr 1950 die besondere Wirksamkeit und die Macht dieses Mantras und empfahl seine Rezitation. Er erklärte, dass Ram zu keiner bestimmten Religions- oder Glaubensrichtung gehöre. Sein Name steht für die gesamte menschliche Rasse und ist eng mit den Kräften des Universums verbunden. Die Silbe Ra deutet auf das Element Feuer hin, während Ma göttliche Macht bezeichnet. Die Rezitation des Mantras wirkt ähnlich wie ein Opferfeuer. Es hilft dem geistig Strebenden sich von seinen materiellen Wünschen und Bindungen zu lösen, sie gleichsam zu „verbrennen". Zusätzlich zu den vedischen Feuerzeremonien ist es eine große Hilfe auf dem geistigen Entwicklungsweg. Die Wiedereinführung des Mantras durch Sonamata gilt als göttliches Geschenk an die Menschheit.

Zahlreiche Menschen kamen zu Shri Upasni Maharaj um seinen Segen zu empfangen oder auch Rat und Hilfe auf ihrem Weg zu erhalten. Hier fiel ihnen ein sehr einfach gekleideter Junge auf und sie fühlten sich von seinem lichtvollen Antlitz angezogen. Es war Shree, der in Shri Upasnis Obhut lebte. So begab es sich, dass er erst sechs Jahre alt war, als am 27. August 1924 zum ersten Mal ein Padya Puja zu seinen Ehren durchgeführt wurde! Es war der Herrscher von Hyderabad, der Shree in dieser großen Zeremonie seine Verehrung entgegenbrachte. Shree erzählte Shri Upasni Maharaj davon, der daraufhin sehr erfreut bemerkte:

„Nicht nur ein Herrscher,
sondern alle Herrscher werden dich verehren.
Er ist ein Herrscher und du bist auch ein Herrscher."

Shri Upasni Baba erkannte die ungewöhnlichen Anlagen von Shree und unterstützte sie. Er sagte ihm seine zukünftige Größe als Sadguru voraus und bat ihn, ihn nie zu vergessen. Ab dem Jahr 1926 lebte Shree in Akkalkot im Guru Mandir bei Gangadhar Maharaj.

Als Shri Upasni Maharaj sein Lebensende nahen fühlte, ließ er am 24. Dezember 1941 einen Brief an Shree schreiben, in dem er den Wunsch äußerte ihn zu sehen. Er verschied jedoch sofort danach. Folglich war ein Zusammentreffen nicht mehr möglich gewesen. Shree sandte jedoch einen Brief nach Sakori, in dem er mitteilte, dass das Zusammentreffen stattgefunden habe, wie es Shri Upasnis Wunsch war. Sowohl für die Leute in Sakori wie auch für die Personen in Akkalkot blieb dies ein Rätsel, denn Shree hatte Akkalkot nicht verlassen.

Wir wenden uns nun dem Raum zu, der für viele der wichtigste im Guru Mandir war, denn hier fand mit wenigen Ausnahmen ihre Begegnung mit Param Sadguru Shree Gajanan Maharaj statt.

Sehen wir uns zunächst die Skizze an.

Skizze 4

Darshan-Raum

Diese Skizze stellt einen vergrößerten Ausschnitt aus der Skizze 2 dar.
Wie aus den Kennzeichnungen in der Skizze zu ersehen ist, wurde die Reihenfolge der Abbildungen so gewählt, dass sie nacheinander im Uhrzeigersinn beschrieben werden.

Der Darshan-Raum, in welchen die Abbildung 8 bereits einen kleinen Einblick gab, war für die Öffentlichkeit dann zugänglich, wenn die Tür zum Vorhof offen stand. Einige besonders geschulte Personen führten in diesem Raum täglich zur Mittagszeit Zeremonien durch.

nicht maßstäblich gezeichnet

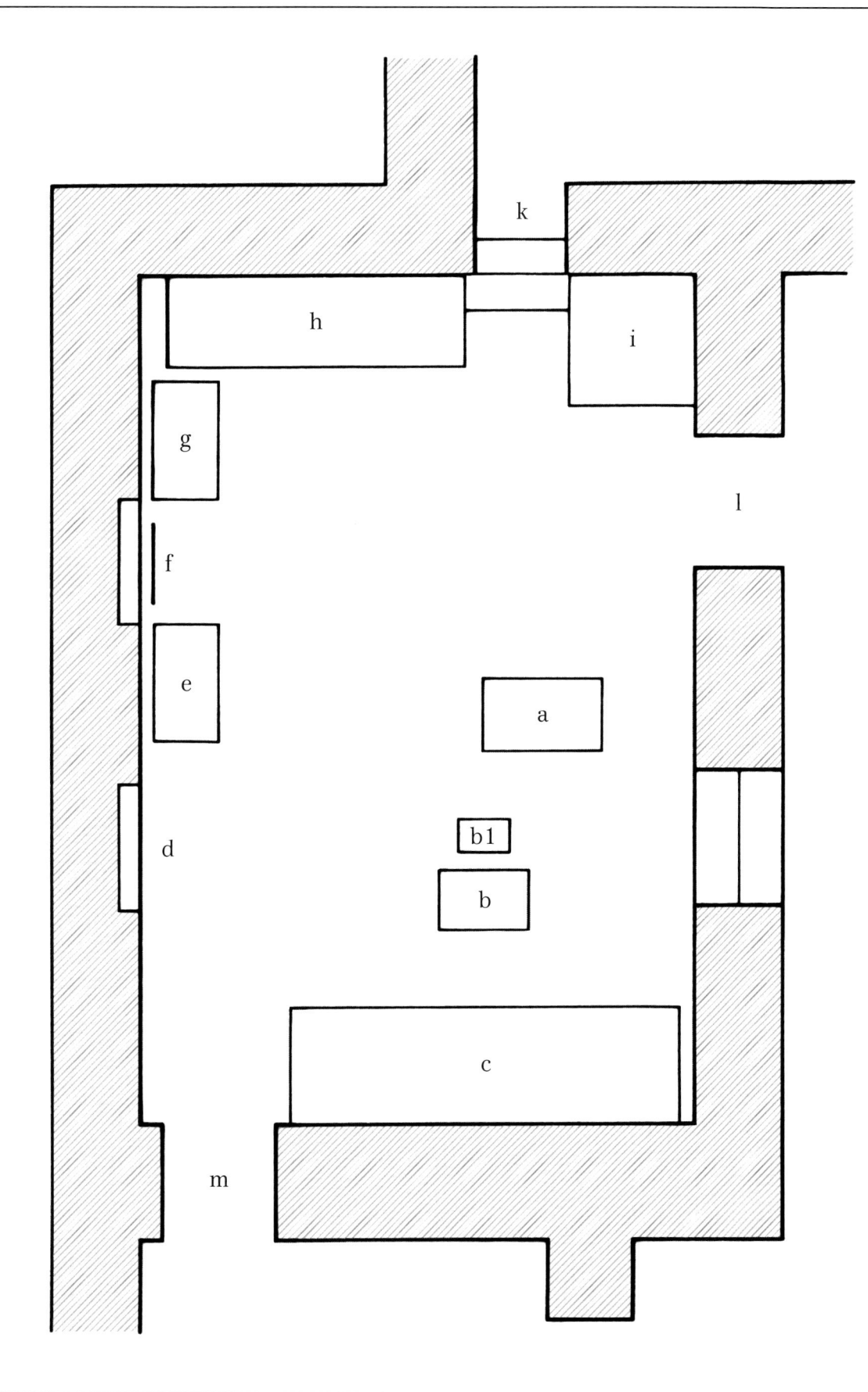

a Fußbodenaussparung mit Schriftzug „Ram"
b Holzschemel
b1 Fußschemel
c Sims im Andenken an das Heilige Feuer
d zwei Wandnischen übereinander
e Statue Sonamata auf Silberthron
f Schrifttafel „Sieben Verse"
g Statue Swami Shivananda auf Silberthron
h Sims im Gopur-Stil
i Schrein mit Buddha-Statue, ehemaliger Platz von Ratnakar
k Zugang vom Haupttempel
l Zugang vom Vorhof
m Zugang vom Raum mit dem Essplatz von Shree

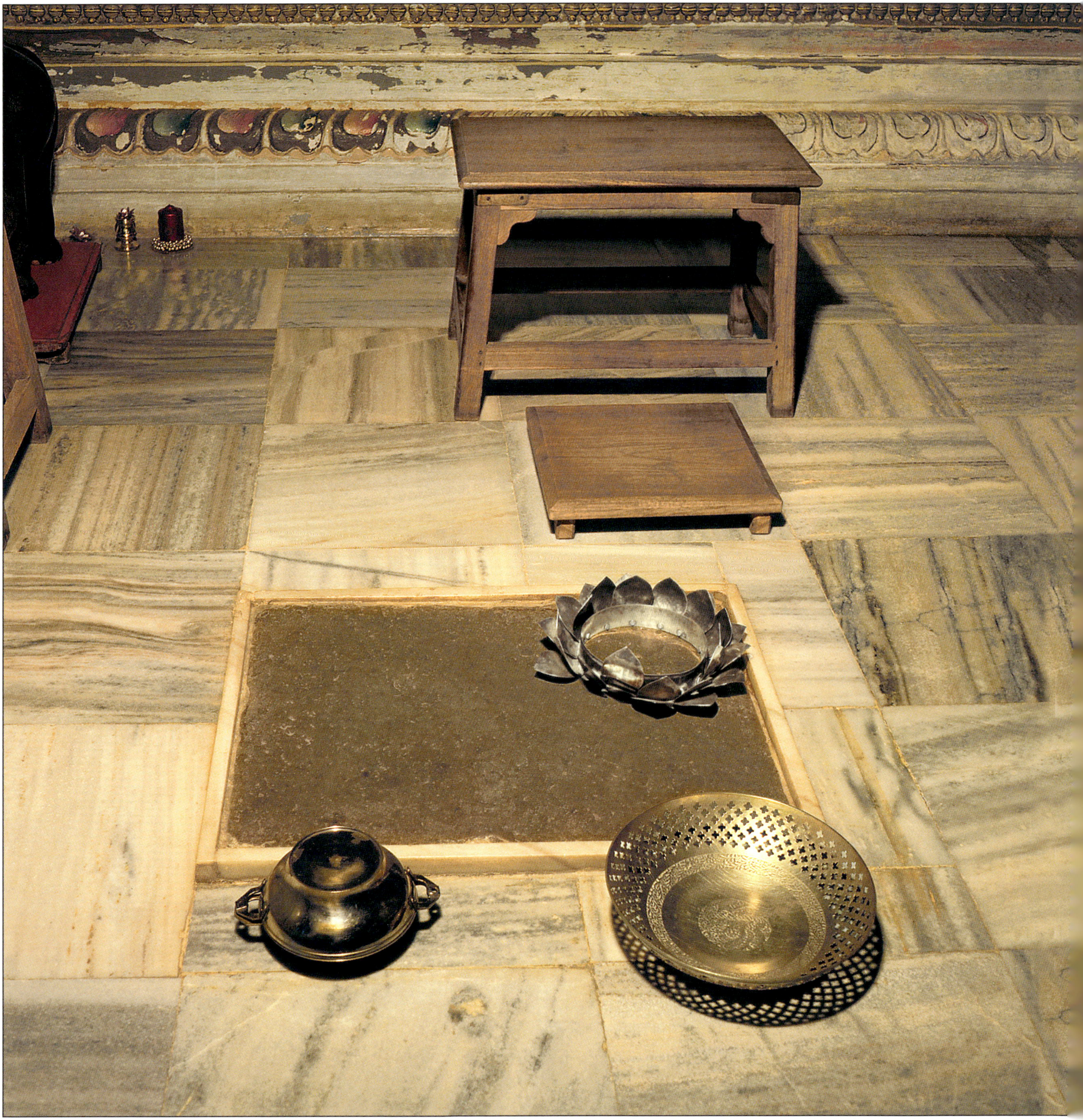

Abbildung 27
Darshan-Raum
und Fußbodenaussparung mit dem Schriftzug „RAM"

Um an den abgebildeten Platz zu gelangen gehen wir vom Haupttempel zum Eingang des Darshan-Raumes, der in Skizze 4 mit k gekennzeichnet ist.

Respektvoll gehen wir die wenigen Stufen hinunter, wo es uns ähnlich ergeht wie in dem darüber befindlichen Ruheraum von Shree. Es ist, als dürften wir eine Welt betreten, in der jedes Atom von Licht erfüllt ist. Er strahlt eine erhabene Atmosphäre aus, die uns zunächst innehalten lässt. Dieser Raum unterscheidet sich in seiner Gestaltung von allen anderen im Math.

Vom Fuß der Treppe blicken wir auf den schlichten Holzhocker, auf dem Shree meistens saß, wenn er Darshan gab. Seine Füße ruhten dabei auf dem kleinen, hölzernen Fußschemel. Holzsitz sowie auch Fußschemel standen weiter rechts und wurden eigens für diese Aufnahme näher an die besondere, umrandete Bodenfläche gerückt.

Shrees machtvolle Ausstrahlung berührte wohl jeden Besucher und veranlasste ihn von selbst zu der in Indien üblichen Geste der Verehrung. Wenige Schritte vor Shree verneigte er sich tief und berührte manchmal sogar mit der Stirn den Boden. Tiefe Ergriffenheit bewegte manchen Besucher auch dazu, sich vor Shree lang auf den Boden zu legen. Diese tief empfundene Geste der Demut stellt keineswegs eine Verehrung der Person des Meisters dar, wie so oft falsch interpretiert wird, sondern gilt immer der Verehrung des Göttlichen, das hier durch Shree in Vollkommenheit wirkte.

Vor dem Sitzplatz von Shree befindet sich in dem mit Marmor ausgelegten Fußboden eine ausgesparte Fläche, in der ein anderer Bodenbelag zu sehen ist. Er stammt noch aus der Zeit vor der Neugestaltung des Raumes im Jahr 1978. Innerhalb dieser eingerahmten Fläche trägt der Boden eine Besonderheit: Um das Jahr 1957 erschien hier ganz ohne äußere Einwirkung das Sanskrit-Schriftzeichen für Ram und blieb seitdem eingeritzt dort auf dem Boden sichtbar. Auf der Abbildung ist das Zeichen nicht erkennbar. Sicher ist es kein Zufall, dass sich der Platz von Shree nahe bei diesem heiligen Zeichen befand. Shree betonte ausdrücklich die Bedeutung dieses Namens und des damit verbundenen Mantras (s. Abb. 26). In Ehrerbietung vor diesem großen Geschehen und dem heiligen Zeichen wurde der Platz bei der Renovierung ausgespart und das Schriftzeichen von einem blütenartigen Kranz aus Silber geziert.

Die Schale im Vordergrund steht bereit für symbolische Gaben oder kleine Geschenke, die oftmals Ergebene demutsvoll vor Shree legten.

Am linken Bildrand ist teilweise ein hölzerner Elefant zu sehen. Er ist in der Abbildung 28 vollständig zu erkennen und wird dort beschrieben.

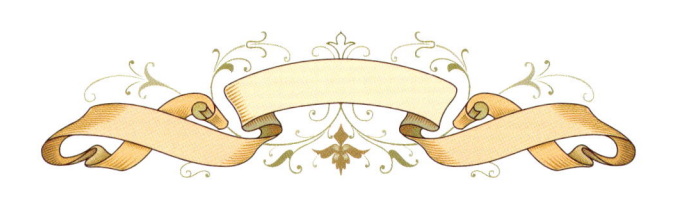

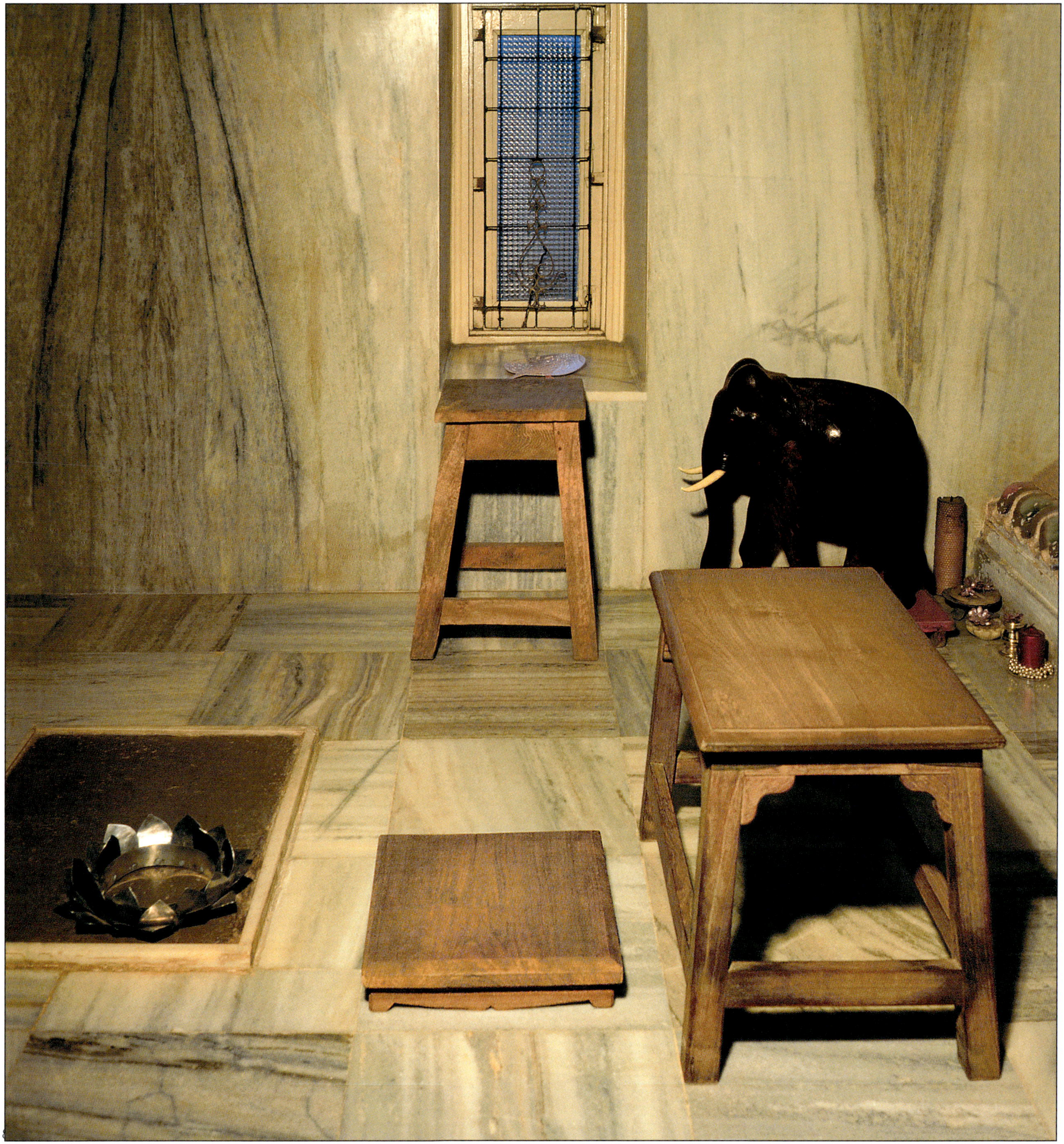

Abbildung 28

Sitzplatz von Shree, von der Seite gesehen

Wir stehen nun rechts von Shrees Sitzplatz und blicken in Richtung des Fensters zum Vorhof.

Im Vordergrund sehen wir nochmals den Hocker und den Fußschemel von Shree. Links davon ist der Silberblütenkranz im Bild, der das Ram-Zeichen im Boden umgibt.

Vor dem Fenster befindet sich ein einfacher Holzschemel. Hier stand meistens eine genau gehende Uhr oder auch manchmal eines der Geschenke, die Besucher für Shree mitbrachten.

Hinter dem Fenster befindet sich der gekachelte Turm mit der Tulsi-Pflanze, der bereits bei Abbildung 6 beschrieben wurde.

Rechts vor dem Fenster steht der Elefant, der in der Abbildung 27 nur teilweise sichtbar ist. Er symbolisiert höchstes Wissen und wurde bei besonderen Anlässen entsprechend platziert.

Mit höchstem Wissen ist hier nicht eine Ansammlung unzähliger Tatsachen aus allen bekannten Wissensbereichen gemeint. Vielmehr steht der Begriff für einen Zustand des Bewusstseins, der es erlaubt, weit über alles irdische Wissen hinaus Zusammenhänge zu erfassen, von denen wir vorher nicht einmal etwas erahnen können. Die größten Geheimnisse des Universums lösen sich für denjenigen, welcher sich in diesem Zustand aufhalten darf. Erkenntnisse aus solchen Sphären werden nicht mehr mündlich oder gar schriftlich überliefert, sie müssen selbst erfahren werden. Wie lange jedoch der Weg der Vorbereitung und der Entwicklung ist, bis solche Erkenntnisse gewonnen und verstanden werden, vermögen nur diejenigen zu sagen, die den entsprechenden Bewusstseinszustand erreicht haben.

In diesem Zusammenhang erinnert der Elefant hier im Darshan-Raum auch an Lord Ganpati, die Gottheit, die symbolisch mit einem Elefantenkopf dargestellt wird (s. Abb. 23).

Ganpati, auch Ganesha genannt, symbolisiert verschiedene göttliche Aspekte. Er versinnbildlicht auch den Yogi, der Vollkommenheit erreicht hat - den Ganpati-Yogi. Jemand, dessen Bewusstsein sich so sehr mit Licht vereinigt hat wie das des Ganpati-Yogi, ist den Elementen nicht mehr unterworfen. Er beherrscht sie auf jeder Ebene, er ist eins mit dem Urlicht. In diesem Einssein stehen ihm unvorstellbare Kräfte zur Verfügung, die er in Übereinstimmung mit dem Göttlichen Willen einsetzt. Ihm ist nichts unmöglich, aber er ist in jedem Moment ein vollkommenes Werkzeug des höchsten Lichts.

Shree wurde von vielen Verehrern als Verkörperung von Lord Ganpati betrachtet. Am Chaturthi-Tag eines Monats, das ist der vierte Tag nach Vollmond, fand deshalb regelmäßig eine Zeremonie statt, in der sie Shree ihre tiefste Verehrung entgegenbrachten. Dieser Tag steht nach der indischen Mythologie in Beziehung zu Lord Ganpati.

Sankashti Chaturthi, nach dem Mondkalender der vierte Tag der zweiten Hälfte jeden Monats, ist ebenfalls ein bedeutungsvoller Tag für Verehrer von Lord Ganpati. An diesem Tag fasten sie und bringen verschiedene Opfergaben dar. Morgens findet im Beisein vieler Ergebener das Satya-Narayan-Puja statt, eine Opferhandlung, in der das Göttliche verehrt wird, das im Menschen seinen Weg nimmt. Vor allem die göttliche Kraft von Lord Vishnu ist hiermit angesprochen, von der man sagt, dass sie sich immer wieder in anderen Formen verkörpert. Es galt als sehr glückverheißend, an einem Chaturthi-Tag Darshan von Shree zu erhalten. Anschließend an das abendliche Agnihotra wurde an einem solchen Tag ein Padya Puja durchgeführt. Zu diesem besonderen Anlass erhielten alle Anwesenden Fußdarshan von Shree. Durch die Berührung seiner Füße erhielten sie hohe Lichtenergie.

यह परम पवित्र स्थान है जहाँ परम सदगुरुको दिव्य अग्नीका साक्षात्कार हुवा !
This is the most holy place where the Divine Fire appeared before Paramasadguru. It is well known that similar incident occured in the life of the holy Prophet Moses.

Abbildung 29
Heiliger Platz, an dem vor Shree göttliches Feuer erschien

Hinter dem Sitzplatz von Shree befindet sich dieser reich verzierte Sims. In Skizze 4 ist er mit c gekennzeichnet. Mit ihm wurde im Jahr 1978 eine Gedenkstätte errichtet, die an ein besonderes Ereignis erinnert. Über dem Sims zeugt eine Inschrift von dem großen Geschehen:

„Dies ist der überaus heilige Platz, an dem
das Göttliche Feuer vor Param Sadguru erschien.
Es ist wohl bekannt, dass sich eine ähnliche Begebenheit
im Leben des heiligen Propheten Moses ereignete."

Feuer erschien im Jahr 1942 vor den Augen von Shree an der Stelle, wo sich nun der Sims mit der Inschrift befindet. Es war von selbst erschienen, ähnlich wie es Moses erlebt hatte. Zu einem anderen Zeitpunkt wurde Shree geoffenbart, dass in vergangenen Zeiten in der nächsten Umgebung, in der das Feuer erschienen war, drei Feuerstellen existierten. Diese werden Tretagni genannt, die Urform des Agnihotra. Eine hohe Wesenheit führte damals die heilige Zeremonie durch. Eine Feuerstelle des Tretagni war da, wo jetzt im Vorhof des Guru Mandir der gekachelte Turm mit der Tulsi-Pflanze und mit der Aufschrift des Hare-Ram-Mantras steht (s. Abb. 6). Das Mantra hat direkten Bezug zu Tretagni. Ein weiteres Feuer des Tretagni brannte an der Stelle, wo die Gedenkstätte für Lord Parshuram im Vorhof errichtet wurde. Des Weiteren erfuhr Shree die weit zurückreichende Geschichte des Ortes, an dem heute das Guru Mandir steht (s. Abb. 5). Bereits vor Tausenden von Jahren hatte sich hier eine Stätte befunden, die großen Yogis als Ashram diente. Lord Parshuram war bereits in früheren Zeiten einer der Heiligen, die sich hier immer wieder aufhielten. Sie segneten den Ort durch ihre Anwesenheit und die bedeutenden vedischen Zeremonien, die sie hier durchführten.

Dieser Platz ist schon seit undenkbar langer Zeit dafür ausersehen, die Basis für die Wiederbelebung des vedischen Wissens zu sein. Die jahrtausendealte Tradition von geistigen Disziplinen und die immer wiederkehrende Gegenwart höchster Wesenheiten erklären die einzigartige Bedeutung dieses Ortes, die Shree in einem Vers zum Ausdruck brachte (s. Abb. 5).

Die Inschrift über der Gedenkstätte erinnert an Moses und die Begebenheit mit dem brennenden Dornenbusch, in dem sich ihm das Höchste Licht offenbarte. Mit einem Mal wird hier eine Brücke zwischen Religionen geschlagen, die bisher scheinbar nichts gemeinsam hatten. Feuer als Erscheinungsform des Höchsten Lichts stellt die Verbindung her. Auch die vedischen Feuerzeremonien stellen eine Brücke dar, denn sie stehen allen Menschen zur Verfügung, ohne dass einer von ihnen seine Glaubensrichtung verlassen oder verändern müsste. Alle Religionen können sich in der Ausübung dieser Zeremonien begegnen und ihre Verbindung zum Höchsten Licht neu beleben. Welche Größe darin verborgen ist, können wir nur ahnen. Shree wies einst darauf hin, als er sagte:

„Man kann den höchsten Bewusstseinszustand
durch das Praktizieren von Agnihotra erreichen".

Wenn diese Feuerzeremonie auf der ganzen Welt jeweils zu Sonnenauf- und Sonnenuntergang ausgeführt wird, ist die gesamte Erdkugel ständig von einem ununterbrochenen Lichtstrom eingehüllt.

Es wirkt wie eine Bekräftigung, dass Shree seinen Platz, an dem er Darshan gab, so wählte, dass er zwischen zwei Stellen saß, an denen etwas von selbst in Erscheinung getreten war: die heilige Silbe Ram auf dem Fußboden vor ihm und das göttliche Feuer hinter ihm.

Der schön verzierte Sims bietet vielen Gegenständen einen besonderen Platz. Sie versinnbildlichen einerseits göttliches Wirken und andererseits ist sicherlich eine symbolische Aussagekraft darin zu finden, wie sie zueinander angeordnet sind.

In der Mitte unter der Inschrift bildeten die Künstler, die den Raum gestalteten, aus Mauerwerk einen Agnihotratopf, in dem Feuer brennt. In Gefäßen dieser Form aus Kupfer oder Ton werden die heilenden Feuerzeremonien durchgeführt. Neben dem Agnihotratopf wurde Hanuman dargestellt. Er steht hier sinnbildlich für die Tatsache, dass selbst Menschen, die das Göttliche verwirklicht haben, Agnihotra und Yagnas praktizieren. Die Tiergestalt mag auch ein Hinweis sein, dass alles Tierische im Menschen vollkommen überwindbar ist.

Auf beiden Seiten dieser Darstellung bildeten die Künstler die Symbole für Sonne und Mond ab. Diese Himmelskörper gelten in der indischen Mythologie als Sinnbilder für die Ewigkeit und verdeutlichen hier im Zusammenhang mit dem Agnihotratopf das unendlich lange Bestehen der Grundprinzipien der Veden.

Darunter steht in einer Wandnische auf einem kupfernen Sockel ein Agnihotratopf. Links davon breitet ein silberner Adler[2] seine Schwingen aus, während rechts die Darstellung eines silbernen Pferdes steht. Beiden Tieren ist eine vielschichtige Symbolik gemeinsam. Der Adler wird der aktiven Polarität zugeordnet, vertreten durch das Symbol der Sonne. Das Pferd vertritt den passiven Pol, wie der Mond über ihm anzeigt. Sich wie ein Adler in geistige Höhen zu erheben und Standfestigkeit zu bewahren, die durch das Pferd dargestellt wird, sind Prinzipien, die es auf dem geistigen Weg zu vereinen gilt. Beide Tiere sind auch Sinnbilder des Zeitalters von Lord Kalki, wie die zehnte Wiedergeburt von Lord Vishnu als Avatar im Zeitalter des Kali-Yuga genannt wird.

Das Pferd war das Lieblingstier von Shree. Ein Pferd mit Namen Ram Nam wurde außerhalb des Guru Mandir auf einem Hofgut gehalten. Es erfüllte bei den großen Feuerzeremonien des Somayagas 1969 (s. Bildband Shivapuri, Abb. 40) einige Aufgaben und durfte nicht für Arbeiten eingesetzt werden.

Auf dem Sims steht ganz links als ein Symbol für Lord Parshuram eine kleine Rentierstatue aus Silber. Das Rentier weist unter anderem auf eine bestimmte Fingerhaltung hin, Mudra genannt. Als Schattenbild stellt sie in ihrem Profil einen Hirsch- oder Rentierkopf dar. Diese Mudrahaltung unterstützt während der Konzentration oder Meditation die Kontrolle der Gedanken, die sonst oft schnell wie ein Hirsch umherspringen.

Die Statue rechts neben dem Rentier stellt Lord Krishna dar (s. Abb. 24). Er wird meistens mit einer Flöte abgebildet. Vor dieser Statue liegt eine Muschel auf dem Sims. Muscheln werden oft bei Pujas als Horn verwendet.

Neben der Krishna-Statue trägt eine aufgerichtete silberne Kobra die Weltkugel auf ihrem Haupt. Vor ihr liegt ebenfalls eine Muschel. Die aufgerichtete Kobra symbolisiert die erweckte geistige Kraft im Menschen (s. Abb. 7).

Die kleine Bronzestatue stellt Lord Parshuram dar. Neben ihm steht eines seiner Attribute, die Axt.

Auch die reliefartige Darstellung aus schwarzem Stein in der Mitte der Aufnahme ist ein Abbild von Lord Parshuram. In der linken unteren Ecke des Reliefs sieht man - etwas heller - Hanuman abgebildet. Vor dem Relief steht eine symbolische Darstellung von Füßen aus Marmor. Sie hat hier in Erinnerung an Lord Dattatreya einen Platz erhalten. In dem kleinen Schrein aus Messing rechts daneben befindet sich eine Statue, die Lord Ganpati darstellt.

Die Figur einer aufrecht sitzenden Maus vorne rechts erinnert an ein Ereignis, das im Oktober 1967 in diesem Raum stattfand. Shree versetzte eine Maus für 24 Stunden in den Zustand des Samadhi.[8] Ein zweites Mal ließ er sie für 36 Stunden darin verweilen. Während dieser Zeit konnte die Maus durch keinerlei äußere Einwirkungen wie Berührung, Lärm etc. in ihrem Zustand gestört werden. Mit diesem Ereignis bestärkte Shree Ratnakar in seinen intensiven Meditationsübungen. Von der Maus wird erzählt, dass sie weiterhin im Guru Mandir lebte und von keiner Katze gejagt wurde.

Auf der rechten Seite steht auf dem Sims ein fein verzierter silberner Schrein. Ein Foto dieses Schreins befindet sich als unteres Bild über der Tür in Abbildung 23. Außer einer Anzahl kleinerer Ganpati-Statuen beherbergt er in der Mitte eine größere Ganpati-Darstellung in tanzender Haltung. Sie ist von außerordentlicher Bedeutung: Es ist die Ganpati-Statue, die schon im Besitz des Enkels von Lord Krishna war! Zum Zeitpunkt der Aufnahme war sie mit Kusha-Gras geschmückt.

Ein Ergebener von Shree brachte sie eines Tages von einer Reise mit. Er erzählte, dass der Händler, bei dem er die zunächst unscheinbar wirkende Statue sah, ihn mit seltsamen

Worten auf sie aufmerksam machte. Er meinte, sie erweise dem Hare-Ram-Mantra Ehre. Diese Äußerung veranlasste den Ergebenen dazu, die Statue zu erwerben um sie Shree zu schenken. Shree hatte in der vergangenen Zeit häufig über dieses Mantra gesprochen. Beim Reinigen der Statue kam unter der dunklen Schicht Gold zum Vorschein.

Einige Zeit später wurde die weit zurückreichende Geschichte der Statue bekannt: Ihre Entstehung geht auf Lord Parshuram zurück, der sie einst durch die bloße Kraft von Mantras materialisierte. Durch eine Reihe von Meistern gelangte sie in den Besitz des Enkelsohns von Krishna, Vajranabha, der sie nach Mathura, den Geburtsort von Lord Krishna, brachte. Dort wurde sie lange verehrt. Auf beeindruckende Weise kam die Statue schließlich zu Shree. Auf ihrer langen Wanderung veränderte sich ohne menschliches Zutun mehrmals die Substanz, aus der sie gefertigt war. Zu der Zeit, als Gold noch nicht den Wert besaß wie heute, bestand die Statue aus Gold. Als sein Wert stieg, wurde die Statue silbern. Sie nahm jeweils das Material an, das in der entsprechenden Zeit gewöhnlichen Wert besaß. Sie sollte allein wegen ihrer geistigen Bedeutung Beachtung finden und nicht wegen ihres materiellen Wertes. Nachdem sie nun in dieser Zeit wieder in Erscheinung trat, wurde die zunächst goldene Ganpati-Statue nach einigen Tagen bronzen und blieb bisher so. Sie wird stets mit großer Achtung und im Gedenken an die gewaltigen geistigen Kräfte betrachtet, die mit ihr verbunden sind.

Im Hintergrund der Ganpati-Darstellung ist ein Teil einer silbernen Platte zu sehen. Darauf ist reliefartig Lord Ganpati mit einer Axt in der Hand abgebildet.

Richten wir nun noch einmal den Blick auf den gesamten Sims und lassen den Eindruck auf uns wirken, den er vermittelt, so spüren wir, welche Ausstrahlung von diesem als Gesamtheit ausgeht.

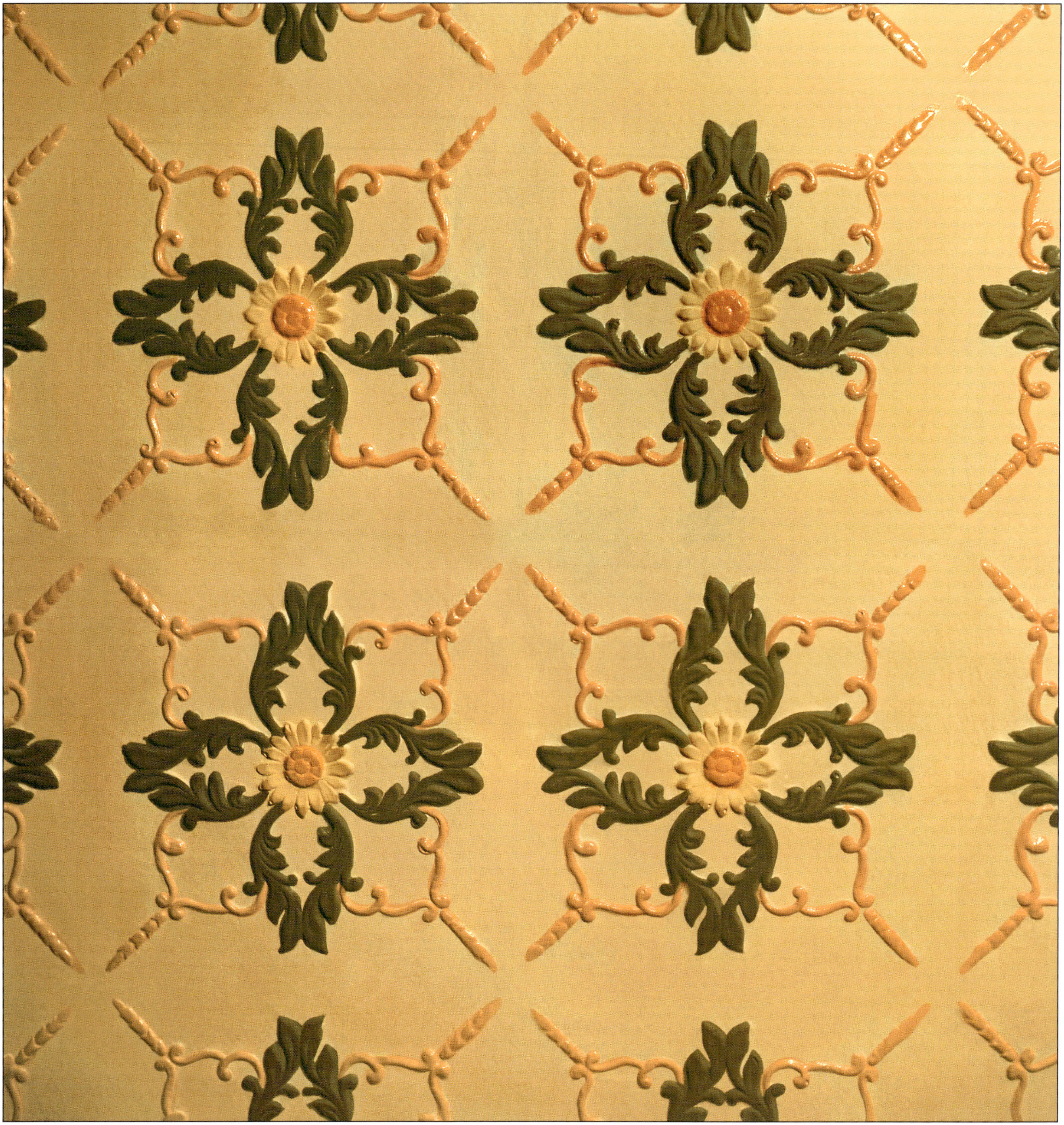

Abbildung 30
Die verzierte Decke
Detail aus dem Darshan-Raum

Im Verhältnis zu der Schlichtheit, die im Guru Mandir sonst überall herrscht, ist der Besucher erstaunt, einen derart schön ausgestalteten Raum vorzufinden. Als im Jahr 1978 der Darshan-Raum neu gestaltet wurde, gelang es den Künstlern ein wahres Kleinod entstehen zu lassen. Sie nutzten die Gelegenheit um ihre Hingabe unter anderem in wunderschönen Verzierungen und Ornamenten zum Ausdruck zu bringen und bildeten so fast einen kleinen Tempel. Die Decke, von der diese Abbildung einen Ausschnitt zeigt, wurde mit fein gearbeiteter und sorgfältig bemalter Stuckarbeit in die Gestaltung mit einbezogen. Shree wies bei den Aufnahmen zu diesem Bildband darauf hin, auch diesen Teil des Raumes zu fotografieren.

Die besondere Gestaltung dieses Raumes ist erklärlich:
Für den gläubigen Hindu ist das Verneigen vor dem Meister, der mit höchstem Licht verbunden ist, wie das Verneigen vor dem höchsten Licht selbst. Aus dieser inneren Haltung heraus ist es selbstverständlich, dass kein anderer Raum im Guru Mandir so geschmückt und ausgearbeitet wurde wie dieser.

Mit der nächsten Aufnahme betrachten wir die in Skizze 4 mit d gekennzeichneten Wandnischen.

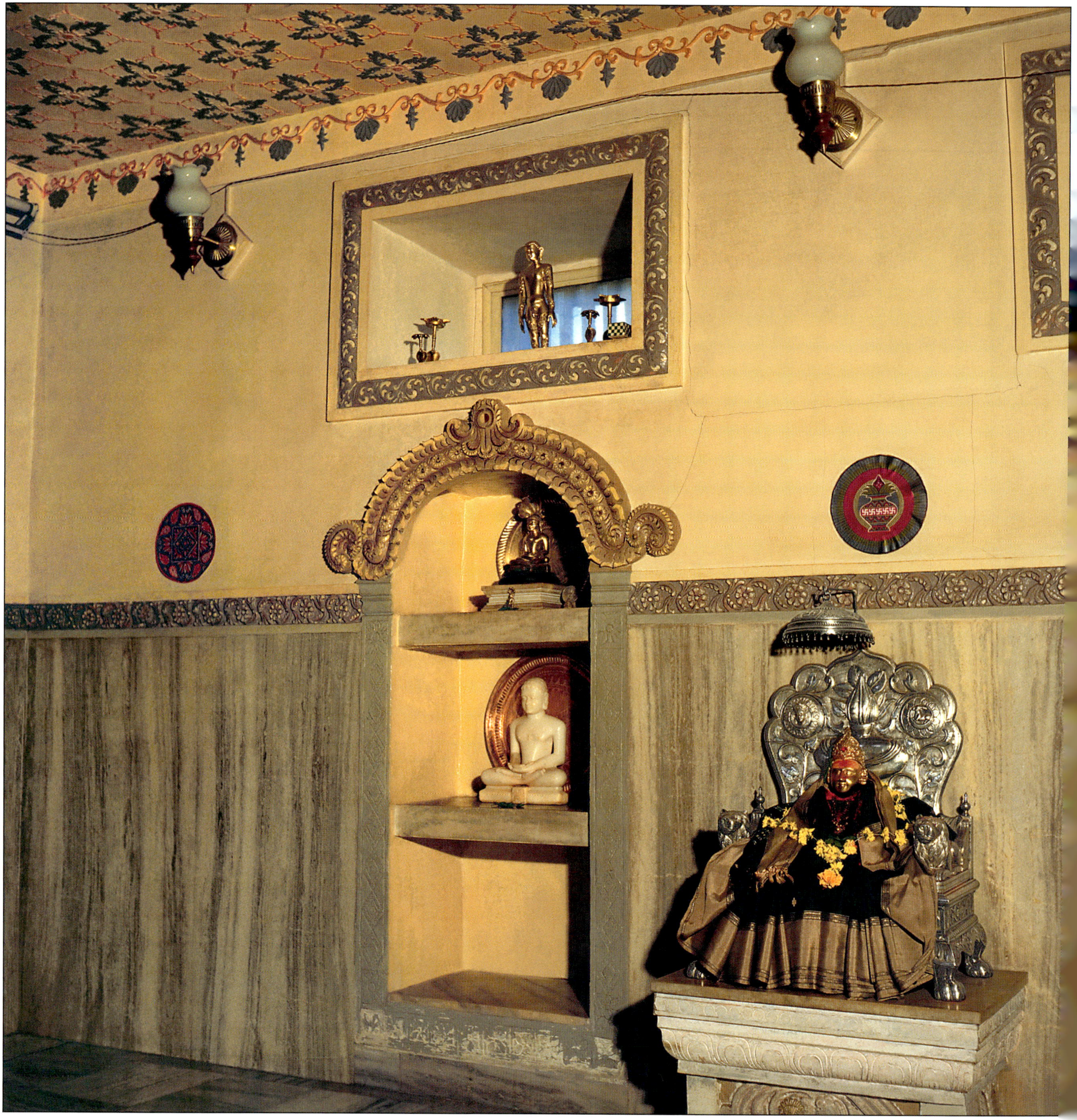

Abbildung 31

Sonamata-Statue

und zwei Wandnischen

Hier ist ein Teil der Seitenwand vom Darshan-Raum zu sehen. Diese Ansicht bietet sich, wenn man vom Vorhof her eintritt (l in Skizze 4).

Zunächst wird unser Blick von der Sonamata-Statue auf dem silbernen Thron angezogen, die bereits bei Abbildung 8 erwähnt wurde. Ihr widmen wir uns ausführlich bei Abbildung 33.

Bei der Umgestaltung des Raumes entstanden mehrere Wandnischen (in Skizze 4 mit d gekennzeichnet) um für verschiedene Statuen und Gegenstände an diesem besonderen Ort einen Platz zu erhalten. Rechts und links von diesen Wandnischen wurden rosettenartige Verzierungen angebracht.

In der oberen, rechteckigen Nische befinden sich eine Statue von Mahavira und Gegenstände, die symbolisch zu seinem Wirken in Beziehung stehen.

Die Wandnische mit dem verzierten, bogenförmigen Oberrand beherbergt oben und unten ebenfalls Mahavira-Darstellungen. Mit der folgenden Aufnahme wenden wir uns ihnen zu.

Abbildung 32 / Seite 94

Wandnische im Darshan-Raum

Nahaufnahme von Abbildung 31

Im oberen Teil der hier abgebildeten Wandnische stehen eine große und zwei kleine Mahavira-Statuen. Im unteren Teil befindet sich eine weitere aus Marmor.

Mahavira, aus adligem Geschlecht stammend, wurde am Anfang des sechsten Jahrhunderts vor Christus geboren und war ein Zeitgenosse von Buddha. Im Alter von etwa dreißig Jahren entsagte er der Welt und verbrachte zwölf Jahre in Einsamkeit, während er sich auf der Suche nach der Wahrheit der Meditation widmete. Unter einem Ashoka-Baum (Saraca indica) meditierend erhielt er die Erleuchtung. Danach nannte er sich Jaina, was sinngemäß „Sieger über das Karma" bedeutet. So wird im Hinduismus derjenige genannt, welcher dem Kreislauf von Ursache und Wirkung entronnen ist. Durch die Erkenntnis und die Verwirklichung der wahren, göttlichen Natur untersteht er nicht mehr der Gesetzmäßigkeit, die ihn immer wieder die Folgen seiner vergangenen Taten erleben lässt. Wer diesen Zustand noch nicht erreicht hat, lernt in immer neuen Verkörperungen sich der letzten Wahrheit zu nähern. Hat der Mensch dieses Ziel erreicht, so steht es ihm frei, einen Körper anzunehmen und weiter auf der Erde zu leben oder im unsichtbaren Bereich zu wirken. Oft veranlasst ihn die Sehnsucht nach noch höheren Stufen der kosmischen Hierarchie auf der Erde zu inkarnieren. Die im Gegensatz zu den himmlischen Sphären

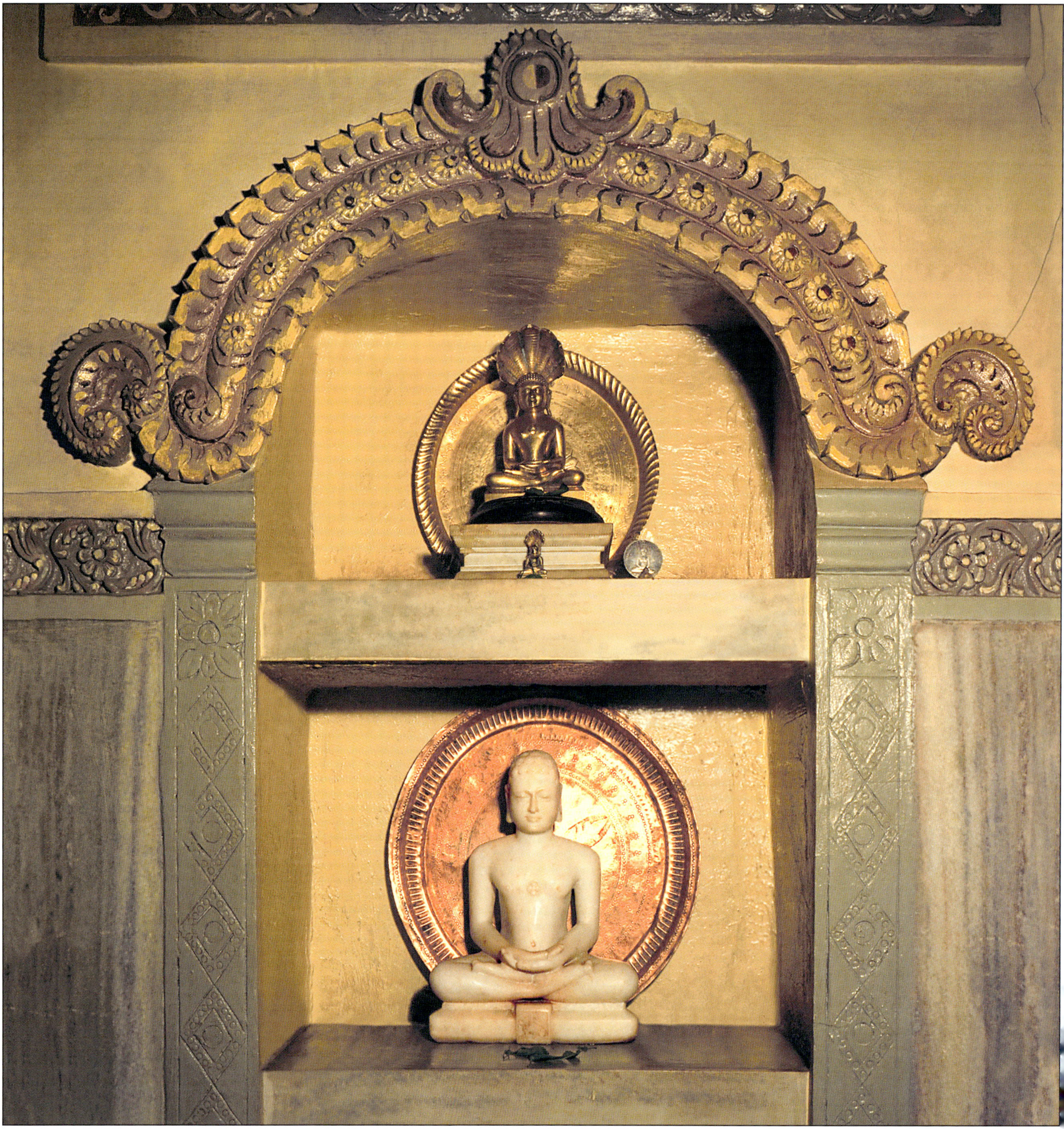

erschwerten irdischen Bedingungen ermöglichen ein rascheres Aufsteigen. Gleichzeitig kann dieses hoch entwickelte Wesen anderen Menschen auf ihrem Entwicklungsweg zur Seite stehen. Mahavira beziehungsweise Jaina entschloss sich weiter unter den Menschen zu leben und ihnen bei ihrer Suche nach der Wahrheit zu helfen.

Über vierzig Jahre lang wanderte er in Nordindien umher und hielt zahlreiche Predigten. Er zeigte, wie entscheidend das Denken und Tun des Menschen die Kräfte bestimmen, die in die Seele einströmen und dort zur Herrschaft gelangen. Wer sich nicht stark genug fühlt, den Weg der Entsagung oder den der Versenkung zu gehen, der soll darüber wachen, dass nur gute Gedanken in seinem Bewusstsein ein- und ausgehen. Mahavira vermittelte die Überzeugung, dass jede Seele die eingeborene Kraft und Möglichkeit besitzt, die Erlösung vom Kreislauf der Geburten zu erlangen.

Eines der wesentlichen Prinzipien seiner Lehre war Gewaltlosigkeit. Dabei wandte sich Mahavira entschieden gegen die damals übliche Form von Yagnas, die Fleischopfer beinhalteten. Man sagt, er habe die Autorität der Veden abgelehnt, aber wie so oft in der Geschichte der Träger von hohem Wissen wurde Mahavira darin missverstanden. Seine Ablehnung galt der Verfälschung der Veden und dem Verhalten der Priester, die zu dieser Zeit zwar Religiosität heuchelten, in Wirklichkeit aber auf ihren eigenen Vorteil bedacht waren.

Auf Mahavira geht der Jainismus zurück, eine unorthodoxe Religion Indiens, die inzwischen Millionen Anhänger zählt. Er wird als der letzte von 24 Meistern betrachtet, welche die Grundlagen dieses Glaubens über Jahrhunderte weitergetragen haben. Die Meister werden mit dem Sanskritbegriff Tirthankara bezeichnet, was so viel wie Furtbereiter bedeutet.

Im Wirken von Jaina Mahavira und seines Zeitgenossen Buddha finden sich Parallelen, die an dieser Stelle erwähnt werden sollen.

In Indien ist das Wirken von Buddha unter anderem dadurch bekannt, dass er die Ausführung von Yagnas verbot, die damals regelmäßig mit dem Töten von Tieren verbunden waren. Buddha wandte sich strikt gegen diese Verfälschung der Veden und bereitete so die Wiedereinführung der reinen Feuerzeremonien vor. Wie Mahavira prangerte er das Machtstreben und die Heuchelei der Priesterklasse an. Die Bevölkerung regte er zum rechten Handeln im Sinne des Gesetzes von Ursache und Wirkung an. Sein Bestreben, die Veden in ihrer wahren Bedeutung wieder zu beleben, brachte einige Unruhe in festgefahrene Gewohnheiten und veranlasste viele Menschen sich Gedanken über ihren Weg aus dem Kreislauf von Geburt und Tod zu machen.

Buddha betrachtete sich als ein Glied in der Reihe derer, die das Licht der Wahrheit in die Finsternis tragen. Er sagte, seine Botschaft bleibe für einige Zeit auf Erden lebendig um sich dann mit dem Licht der Botschaft des kommenden Weltenlehrers zu mischen und zu einen. Er nannte einen Zeitraum von fünfhundert Jahren, bis ein neuer Gottesbote erscheinen und abermals das Rad der Lehre in Bewegung setzen werde.

Buddha und Mahavira leiteten die Abschaffung von Fleischopfern ein. Durch Jesus wurde der Schlussstrich gezogen. Bei seiner Kreuzigung zerriss der Vorhang zum Allerheiligsten.

*„… Und siehe, der Vorhang im Tempel
zerriss in zwei Stücke von oben bis unten…"*

Matthäus 27.51

Seit dieser Zeit wurden keine Feueropfer mit Fleisch mehr durchgeführt. Die reinen Feueropfer, bei denen keine Tiere getötet wurden, gerieten jedoch ebenfalls in Vergessenheit. Shree wurde offenbart, dass es seine Aufgabe sei, das Werk von Buddha zu vollenden (s. Abb. 16). Er führte die reinen Feueropfer mit ihrer großen heilenden Wirkung wieder ein. Hieraus wird deutlich, dass verschiedene Gottesboten stets demselben Licht und derselben großen Gesamtaufgabe dienen. Die unterschiedlichen Betonungen innerhalb ihrer Lehre ergeben sich aus den jeweiligen Umständen zu den verschiedenen Zeiten ihres Wirkens.

यदा सृष्टे
चतुर्वेदस
किं सत्
सर्व शास्त्र
अस्पर्शं
अन्यत्र
आर्षग्रन्थी
सहित: स
शुक्रवाद
नास्तिका
एते सर्व
यादान
एष एव

Abbildung 33
Sonamata-Statue auf einem silbernen Thron

Wie in der Abbildung 31 zu sehen ist, befindet sich rechts neben der eben beschriebenen Wandnische eine Statue der Mutter von Shree, Sonamata. Über ihr wölbt sich ein kleiner Baldachin. Sie ist stets geschmückt und ruht auf einem Silberthron, der erhöht auf einem verzierten Steinsockel aufgestellt ist.

Bei Abbildung 25 wurde bereits beschrieben, dass Sonamata als Wiedergeburt der Göttin Gayatri verehrt wird. Sie inkarnierte um durch ihre Reinheit und ihre hoch entwickelten Eigenschaften die Geburt eines besonders mit Gott verbundenen Wesens zu ermöglichen. Durch sie kam Param Sadguru Shree Gajanan Maharaj auf die Welt, der die Aufgabe des Kalki-Avatars erfüllte.

Shree ließ im Jahr 1971 die Statuen seiner Eltern anfertigen. Obwohl er selbst eins war mit höchstem Licht, brachte er seinen Eltern stets Verehrung entgegen. An ihren Geburts- und Gedenktagen finden auch heute noch religiöse Festlichkeiten statt, an denen alle im Guru Mandir beziehungsweise in Shivapuri anwesenden Personen teilnehmen.

Der Silberthron wurde ebenso wie der Thron für die Statue von Swami Shivananda (siehe nächste Abbildung) von Ergebenen gestiftet. Es ist in Indien üblich die hohe Entwicklungsstufe solcher Wesen dadurch darzustellen, dass ihre Statuen auf einem Sitz oder Sockel ruhen. So wird angedeutet, dass sie nicht mehr dem Gesetz von Ursache und Wirkung unterworfen sind, sondern nur noch kosmischen Zyklen gehorchen. Die Form beziehungsweise die Verzierung der Sockel gibt Aufschluss über ihre charakteristischen Merkmale.

Vor der Statue von Sonamata steht eine verzierte Gheelampe. Ghee ist ausgelassene Butter, die hier den Docht der Lampe nährt.

Wir gehen nun etwas nach rechts um einen größeren Ausschnitt dieser Seite des Raumes zu betrachten.

Abbildung 34 / Seite 98
Statuen von Sonamata und Swami Shivananda auf silbernen Thronen
Schrifttafel mit den Sieben Versen

Auf dieser Abbildung ist die Statue des Vaters von Shree, Swami Shivananda, rechts im Bild zu sehen. Einige bedeutsame Begebenheiten aus seinem Leben wurden bereits bei Abbildung 25 geschildert. Unter dem Silberthron liegen schön verzierte, kupferne Schatullen. Hierin werden die Holzsandalen von Swami Shivananda aufbewahrt.

An der Wand oberhalb der beiden Statuen ist jeweils eine kreisförmige, farbige Verzierung angebracht. Auf der linken Seite befindet sich die Darstellung eines Wassergefäßes und auf der rechten Seite eines Gefäßes, in dem Feuer brennt. Die Symbolik dieser beiden Gefäße wurde bereits bei Abbildung 5 erwähnt.

सप्तश्लोकी
(धर्मोपदेशः)

यदा सृष्टेरनल्पत्वं तदा लोकपितामहः ।
चातुर्वेदन्तमावृत्य शास्त्रं धर्मसमादिशत् ॥१॥
किं सत्कर्म किमध्यात्मं इति विज्ञायतामिति ।
सर्व शास्त्रेषु ग्रन्थेषु प्रमाणं परमं श्रुतिः ॥२॥
अस्पष्टं च कदा रुष्टं तत्वज्ञानाद्विवेकभ्रम् ।
अन्यत्र लभ्यते किंतु प्रमाणं परमं श्रुतिः ॥३॥
आर्षग्रन्थेषु सर्वेषु कृतिप्रामाण्यमेव च ।
सर्वतः स्वरसद्यान्निश्चलत्वान्यदेव ॥४॥
शुक्लवादरता: वेदनिन्दा वदन्तीति वादिनाम् ।
सर्वे ते मित्यवादिने यानि मिथ्याचारप्रवर्तका: ॥५॥
नास्तिक: वेदनिन्दक: पाखण्डश्च वेददूषक: ।
एते सर्वे विनश्यन्ति मिथ्याचाराप्रवर्तका: ॥६॥
यद्यदाप्तत्वं कर्मसिद्ध्यध्यायानिष्ठो भवेत् ।
एष एव हि शुभ्रुक्तं सत्यधर्म: सनातन: ॥७॥

... परमसद्गुरु श्री गजाननमहाराज

Zwischen den beiden Statuen ist eine Marmortafel mit den Sieben Versen angebracht (in Skizze 4 sind Tafel und Statuen mit e, f und g gekennzeichnet). Manchmal wählte Shree seinen Platz vor ihr um Besuchern und Ergebenen Darshan zu geben. Die Sieben Verse erinnern an das bedeutende Ereignis, als Shree seine historische Aufgabe übernahm die Veden wieder zu beleben.

Am 27. September 1944 bekräftigte er vor Lord Parshuram sein heiliges Versprechen. Er berührte die Füße seines Meisters, benetzte sie mit Wasser und wiederholte den bedeutsamen Eid. Das Berühren und Benetzen mit Wasser ist eine symbolische Geste der Bekräftigung und der Hingabe. Danach strömten wie von selbst die Sieben Verse von Shrees Lippen. Sie wurden direkt aus dem Einssein mit dem Licht gegeben. In sieben Sanskrit-Versen bezeichnet das Mantra die Veden als die Standardschriften, in denen die ewigen Grundsätze der Religion enthalten sind. Gemäß den Sieben Versen beinhalten die Veden das maßgebende Wissen über die Allmächtige Kraft sowie alles Wesentliche zum Wohl der Menschheit. Es wird weiterhin gesagt: Dogmatiker, die behaupten, als einzige die Wahrheit zu besitzen, werden die Sinnlosigkeit ihrer Starrheit erkennen, ebenso wie jene, welche die Veden verleumden oder verfälschen. Damit sind auch jene Menschen gemeint, die durch ihr Verhalten die Veden in Verruf bringen. Sie alle fügen sich selbst Schaden zu. Der letzte der Sieben Verse bekräftigt, dass der Fünffache Pfad die Ewige Religion darstellt, wie sie durch die Veden gegeben wurde.[1]

Jeweils am Jahrestag, an dem die Sieben Verse gegeben wurden, wird morgens um 9 Uhr dieses große Ereignis gefeiert. Diese Tradition, die Shree einführte, wird auch heute noch fortgesetzt.

In der Wandnische über der Schrifttafel steht eine kleine Feuerpyramide als Symbol für Yagna, die erste Disziplin des Fünffachen Pfades. Die Kokosnuss dahinter fand ihren Platz im Darshan-Raum, weil sie in Form eines Elefantenkopfes wuchs und so das Haupt von Lord Ganpati darstellt. In Erinnerung daran, dass Shree einmal eine Maus in den Zustand des Samadhi versetzte (s. Abb. 29), brachte ihm ein Ergebener die kleine Darstellung einer Maus, die jetzt rechts in dieser Nische steht. Ganz im Hintergrund lehnt ein verzierter Messingteller.

In der größeren Wandnische darüber befindet sich in der Mitte eine kleine Ganpati-Darstellung. Rechts und links davon stehen jeweils ein Elefant, eine Ghee-Lampe und ein Pfau. Der Pfau stellt in der indischen Mythologie das Symbol für Wohlergehen dar - wohl aufgrund seines überreichen, äußerst farbenprächtigen Federschmucks mit dem Krönlein auf dem Kopf. Eine weitere Symbolik wird im Bildband Shivapuri bei Abbildung 19 beschrieben.

Abbildung 35 / Seite 100

Ein weiterer Sims im Darshan-Raum

Wir haben uns im Raum nach rechts gedreht und blicken nun auf den Teil der Wand, der in Skizze 4 mit h gekennzeichnet ist.

Der Sims entstand beim Umbau des Raumes im Jahr 1978. Einige Shree ergebene Bildhauer aus Madras hatten den Wunsch einen Beitrag zur Gestaltung des Raumes zu leisten. Shree gestattete ihnen diesen Sims zu errichten, den sie im so genannten Gopur-Stil gestalteten. Viele der Gegenstände auf dem Sims sind Geschenke an Shree, der sie durch das Aufstellen in diesem Raum ehrte.

Vor dem Sims sehen wir auf der linken Seite die zuvor beschriebene Statue von Swami Shivananda. Deutlich ist die Adelskrone zu erkennen, mit der auch die Statue von Sonamata geschmückt ist (s. Abb. 33).

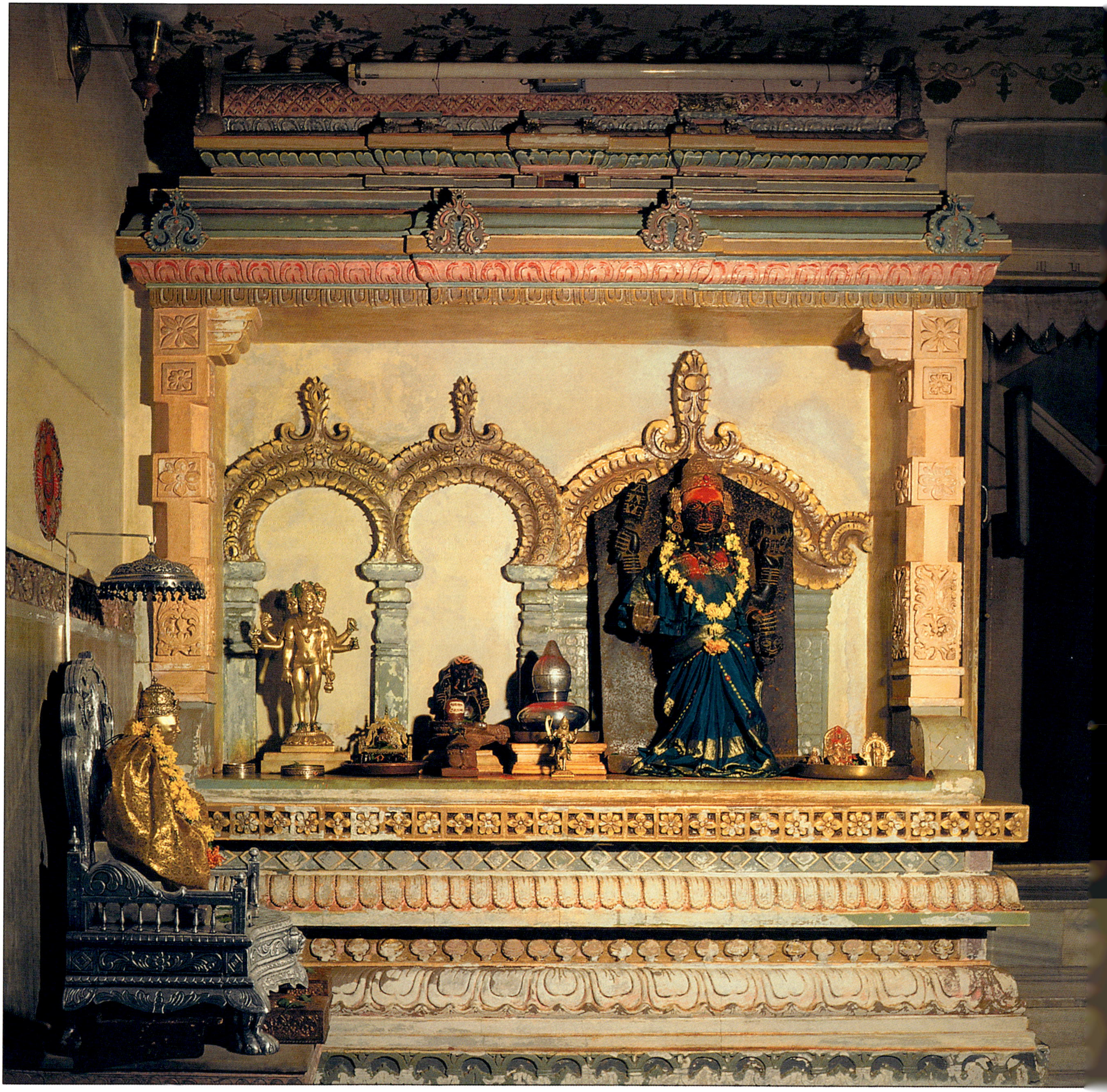

Links auf dem Sims steht eine sechsarmige Bronzestatue. Sie stellt Lord Dattatreya dar (s. Abb. 10). Auf die symbolische Bedeutung der sechs Arme beziehungsweise drei Häupter, mit denen er meistens dargestellt wird, wurde bereits im Vorwort hingewiesen. Zu seinen Ehren liegen in den beiden kleinen Schalen vor der Statue jeweils Darstellungen von Füßen, auch Padukas genannt.

In einer kupfernen Schale rechts daneben steht ein thronartiger Stuhl. Hier erhielt eine kleine Darstellung von Swami Samarth einen Platz.

Die aus dunklem Stein gearbeitete kleine Statue stellt Lord Ganpati dar, dessen Haupt farbig verziert wurde. Davor steht ein Shiva-Lingam, geschmückt mit Kusha-Gras.

Rechts davon blicken wir auf eine Kokosnuss aus Silber. Diese erinnert an ein besonderes Ereignis. Nach der Einweihung von Shree in das Tripuri-Mantra führte Lord Parshuram eine Zeremonie durch, in der er unter anderem eine Kokosnuss verwendete. Die Zeremonie, die üblicherweise bei Hochzeitsfeierlichkeiten stattfindet, verdeutlichte die enge Verbindung von Shree mit dem Mantra. Der Sanskrit-Name der Frucht, Shri-phalam, weist auf die Verbindung zu Shri Vidya hin, dem heiligen Wissen, das mit dem Tripuri-Mantra verbunden ist. Die drei Male, die auf jeder Kokosnuss zu sehen sind, erinnern in diesem Zusammenhang an die Wirkungsweise des Mantras auf allen drei Schöpfungsebenen. Laut Mythologie befindet sich in dieser natürlichen Zeichnung der Nuss ein Symbol von Lord Shiva. Einer seiner Namen ist Trilochana, das heißt dreiäugig. Im Allgemeinen bedeutet die Aktivität des dritten Auges - eine Funktion, die in Verbindung mit dem Stirnchakra steht - die Fähigkeit des Hellsehens. Dieses dritte Auge soll bei Lord Shiva zerstörerisch wirken. Die Zerstörung richtet sich jedoch stets nur gegen das, was der Entfaltung des Göttlichen im Weg steht.

Die kleine Bronzefigur vor der Kokosnuss stellt Lord Kalki auf einem Pferd dar (s. Abb. 16, 29). Sein gezogenes Schwert ist ein Symbol für den Willen das Übel zu bekämpfen. Das weiße Pferd ist ihm laut Mythologie als Begleittier zugeordnet. Es versinnbildlicht die innere und äußere Kraft des Avatars.

Das große Relief aus dunklem Stein rechts auf dem Sims ist mit einem grünen Tuch und einem Blütenkranz geschmückt. Diese Abbildung von Renuka Mata ist etwa vierhundert Jahre alt. In ihren Händen hält sie ein Kriegshorn, mit dem sie dem Übel den Kampf ansagt, und eine Waffe für diesen Kampf. Als Zeichen ihres Sieges hält sie symbolisch das abgeschlagene Haupt eines Dämons in der Hand. Die vierte Hand ist blank geputzt und in der segnenden Geste für die Ergebenen erhoben. Ursprünglich befand sich das Relief in Chiplun, westlich von Akkalkot, wo es im dortigen Tempel zu Ehren von Lord Parshuram aufgestellt war.

Lord Parshuram ist der jüngste Sohn von Renuka Mata und Jamdagni. Es wird gesagt, dass er die göttlichen Kräfte seiner vier älteren Brüder in sich vereint. Jamdagni und Renuka Mata gelten als Inkarnationen von Lord Shiva und Parvati.

In der flachen Kupferschale ganz rechts auf dem Sims stehen verschiedene kleine Statuen. Es sind jeweils Darstellungen von Brighu, Jamdagni, Lord Vishnu und von zwei weiblichen Gottheiten.

In der indischen Mythologie gilt Brighu als einer der Adoptivsöhne von Brahma. Andere Schriften bezeichnen ihn als einen Weisen aus der Familie der Bhrugus, welche die Grundlagen der Feuerverehrung schufen. Jamdagni gilt ebenfalls als großer Weiser aus der Bhrugu-Dynastie.

Wir betrachten nun die Gedenkstätte, welche sich rechts neben der Treppe befindet, die vom Darshan-Raum in den Haupttempel führt.

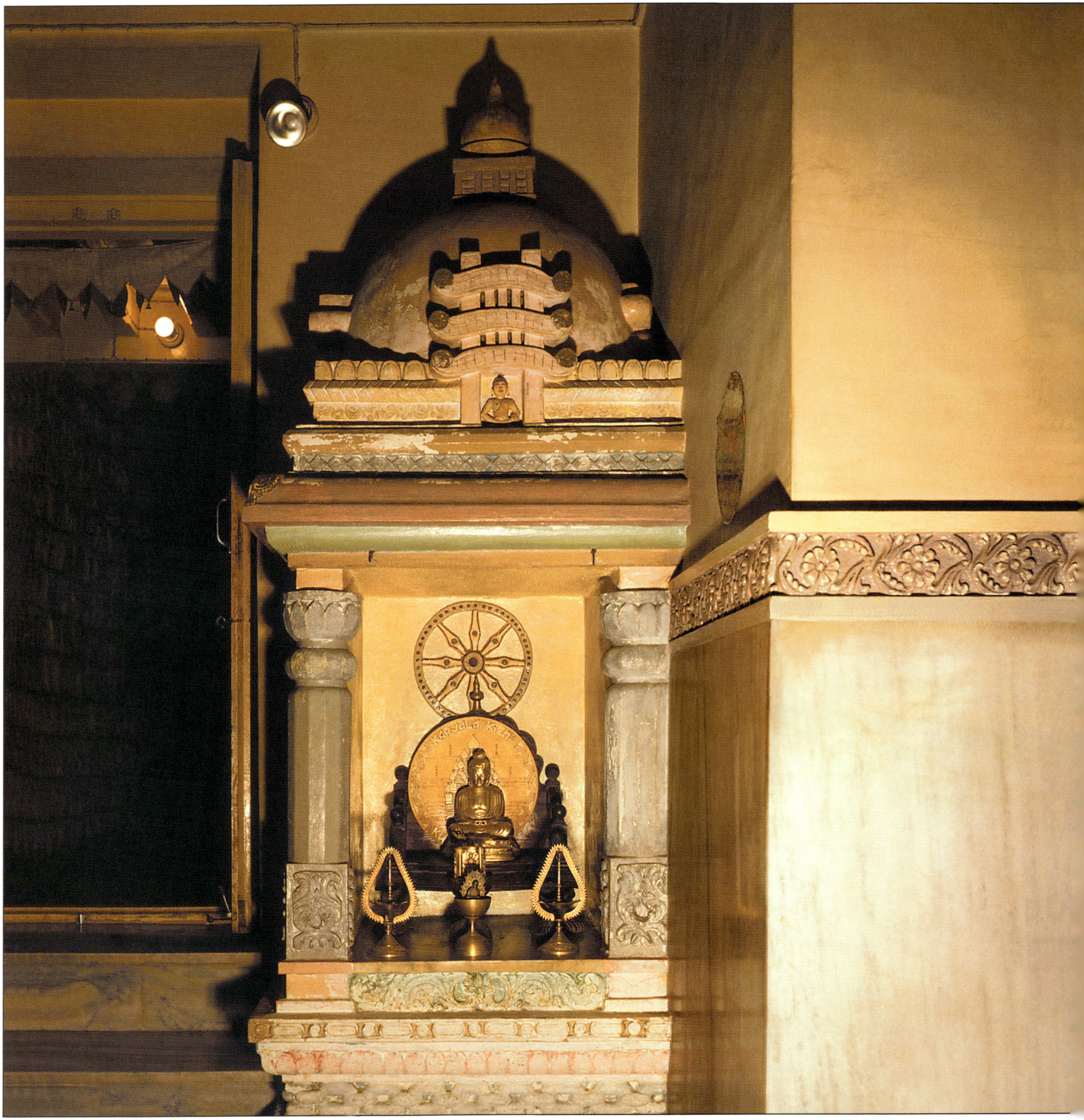
KARJALA

Abbildung 36

Gedenkstätte

Ehemaliger Platz von Ratnakar

Von dem in Abbildung 35 gezeigten Sims gehen wir einige Schritte nach rechts und stehen dann vor dieser Gedenkstätte. In Skizze 4 ist sie mit i gekennzeichnet.

Der mit verschiedenen Ornamenten verzierte und von einer Kuppel gekrönte Schrein wirkt fast wie ein buddhistischer Tempel. Er ist pagodenartig gestaltet. Unter der Kuppel erkennt man eine kleine, reliefartige Buddha-Statue.

In der Mitte des Schreins ruht auf einem hölzernen Sockel eine größere Buddha-Statue. Über ihr befindet sich das achtspeichige Rad, Dharma Chakra, das Symbol des von Buddha verkündeten Weges. Diese Verbindung zur buddhistischen Lehre deutet auf den Weg der Meditation und Versenkung hin, auf dem Siddhartha Gautama nach Jahren der Suche die Erleuchtung zuteil wurde. Ebenfalls auf dem Weg der Meditation führte Shree Ratnakar Ramrao Nargundkar zu hohem Lichterleben. Er wurde bereits bei Abbildung 20 erwähnt. An der Stelle, auf der sich die Gedenkstätte erhebt, verbrachte Ratnakar während seiner häufigen Aufenthalte im Guru Mandir im Zeitraum zwischen 1964 und 1978 viele Stunden mit Meditation. Shree hatte Ratnakar nach seiner ersten Begegnung mit ihm eines Nachts für kurze Zeit den Nirvikalpa-Samadhi erleben lassen. Nur von jemandem, der im gleichen Bewusstseinszustand verweilt wie Shree, kann diese höchste seherische Schau geschenkt werden, ohne dabei das Karma, das heißt die geistigen Gegebenheiten des Beschenkten, berücksichtigen zu müssen. In der Vedanta-Philosophie ist der „wandellose Samadhi", wie er auch genannt wird, ein Begriff für den höchsten Bewusstseinszustand. Er kann durch Meditation erreicht werden. In ihm verschmilzt der Meditierende für eine nach irdischen Begriffen kurze Zeitspanne mit höchstem Licht. Während dieser Zeit ist für ihn alle Dualität aufgehoben und jedes Denken mündet in die Einheit mit dem Ewigen Sein.

Ratnakar war der einzige, der in Gegenwart von Shree ständig geistige Übungen praktizieren durfte. Jeder Gedanke der Hingabe, jedes Bemühen dem Licht näher zu kommen wurde auf diese Weise direkt von höchster Energie bestrahlt und verstärkt. In solch einem hohen Schwingungsbereich werden Körper, Seele und Geist viel schneller und höher mit Licht aufgeladen, als es allein durch eigene Bemühungen möglich wäre.

Die Anwesenheit eines hohen Meisters ist von unschätzbarem Wert für den geistig Strebenden. Sie hebt diesen über sich selbst hinaus und bietet ihm die Gelegenheit, sich höchsten Einflüssen und Erkenntnissen zu öffnen, die ihn seinem wahren, göttlichen Wesen ohne Umwege näher bringen. Er erfährt dabei nicht theoretisches Wissen, sondern erlebt durch den mit Gott verbundenen Meister in sich selbst lichtvolle Wahrheit.

Shree führte Ratnakar zum Erleben des Einsseins mit Licht. Er zeigte, was auf dem geistigen Weg erreicht werden kann, welche Herrlichkeiten auf jeden Menschen warten. Vor allem aber wurde dadurch deutlich, dass man bei großer Hingabe und fester Entschlossenheit durch einen Meister sicher und beschleunigt zum höchsten Erleben geführt werden kann. Ratnakar schrieb im Auftrag von Shree ein Buch über seine Erfahrungen auf dem Weg zum Zustand des Einsseins mit Licht.[8] Nachdem er seine geistigen Übungen vollendet hatte, wurde im Gedenken daran dieser Schrein errichtet. Hierdurch ist der Platz geschützt und kann nicht mehr betreten werden.

Die Inschrift auf der runden Platte hinter der Buddha-Statue erinnert ebenfalls an Ratnakar.

Vor dieser Statue sind in zwei hintereinander stehenden kelchähnlichen Gefäßen zwei kleine, reliefartige Buddha-Darstellungen zu sehen. Rechts und links davon steht jeweils eine Gheelampe.

GAJANAN
SALES AGENCIES
JANUARY 1984
तपःप्रभावसे देवी भगवती गायत्रीका आविर्भाव

Links neben dem Schrein führen einige Stufen zum Haupttempel (in Skizze 3 mit h gekennzeichnet). An der gegenüberliegenden Wand befindet sich der Durchgang (siehe Skizze 4 bei m) zu dem Raum, in dem Shree meistens seine Mahlzeiten zu sich nahm. Ihm wenden wir uns mit der folgenden Abbildung zu.

Abbildung 37

Raum mit dem Essplatz von Shree

Wir haben nun den Raum betreten, der in Skizze 2 mit d bezeichnet ist. Durch die geöffnete Tür ist ein Teil vom Sims aus Abbildung 35 im Darshan-Raum zu sehen.

Rechts vom Durchgang steht ein schlichter Holzhocker und eine Lampe mit einem zylindrischen Schirm. Auf diesem Hocker saß Shree meistens, wenn er seine Mahlzeiten oder Tee zu sich nahm. Bei besonderen Anlässen verlegte er seinen Essplatz an die Stelle im Raum, die sich an der Wand auf der linken Seite befindet. Er ist bei Abbildung 38 zu sehen. Nachdem Shree seinen Wohnsitz nach Shivapuri verlegt hatte, wurde ein Relief mit Darstellungen von Ram, Laxman und Sita auf den Hocker gestellt. Der Wecker vor dem Relief erinnert daran, dass der Tagesablauf von Shree größtenteils minutiös geplant und von vielen Disziplinen geprägt war.

Manchmal drang der Klang seiner Stimme und sein herzliches Lachen aus dem Darshan-Raum oder dem Essraum, wenn er mit einigen Personen sprach oder sich gelegentlich mit seinem Enkel beschäftigte.

Shree, dessen Bewusstsein das Universum in allen Teilen und Ebenen durchdrang, hielt sich in dem Zustand auf, der als der endgültig höchste bezeichnet wird.[3] Ihm war es möglich, wann immer er wollte, in das Einssein mit höchstem Licht einzutauchen und dennoch jederzeit die irdische Wirklichkeit in Vollkommenheit zu beherrschen.

Über dem Essplatz von Shree hängt ein Druck von Leonardo da Vincis „Abendmahl". Zunächst überrascht das in Europa beheimatete Gemälde an diesem Ort. Horst Heigl war sehr erfreut, dass Shree den als Geschenk mitgebrachten Druck in seinem Essraum anbringen ließ. Die Überreichung war mit einer kleinen Begebenheit verbunden. Sie wird in dem Buch „Erfüllte Verheißungen"[3] geschildert.

Shree erklärte einmal:

„Wir sind nicht Anhänger irgendeiner Religion. Wir werden die Botschaft mit demselben Nachdruck übermitteln, ob es sich dabei um die Bibel, den Koran oder um die Lehren der Hindus handelt."

Shree erwies jeder Religion Achtung. Um einige Beispiele zu nennen sei angeführt: In seinem Darshan-Raum wird Moses erwähnt, einige Abbildungen zuvor sahen wir Statuen, die Bezug zum Jainismus und zum Buddhismus haben, und hier im Essraum tritt über das Bild die Verbindung zur christlichen Religion in Erscheinung. Bei Rundgängen durch Akkalkot und Shivapuri und eingehendem Studium von Shrees Leben und Werk wird deutlich, dass er allen Religionen Verehrung entgegenbrachte. Manches ist nicht so gut sichtbar wie die eben genannten Symbole. Auch hierzu sei ein Beispiel angeführt: Shree hatte ein gedrucktes Bild in einem

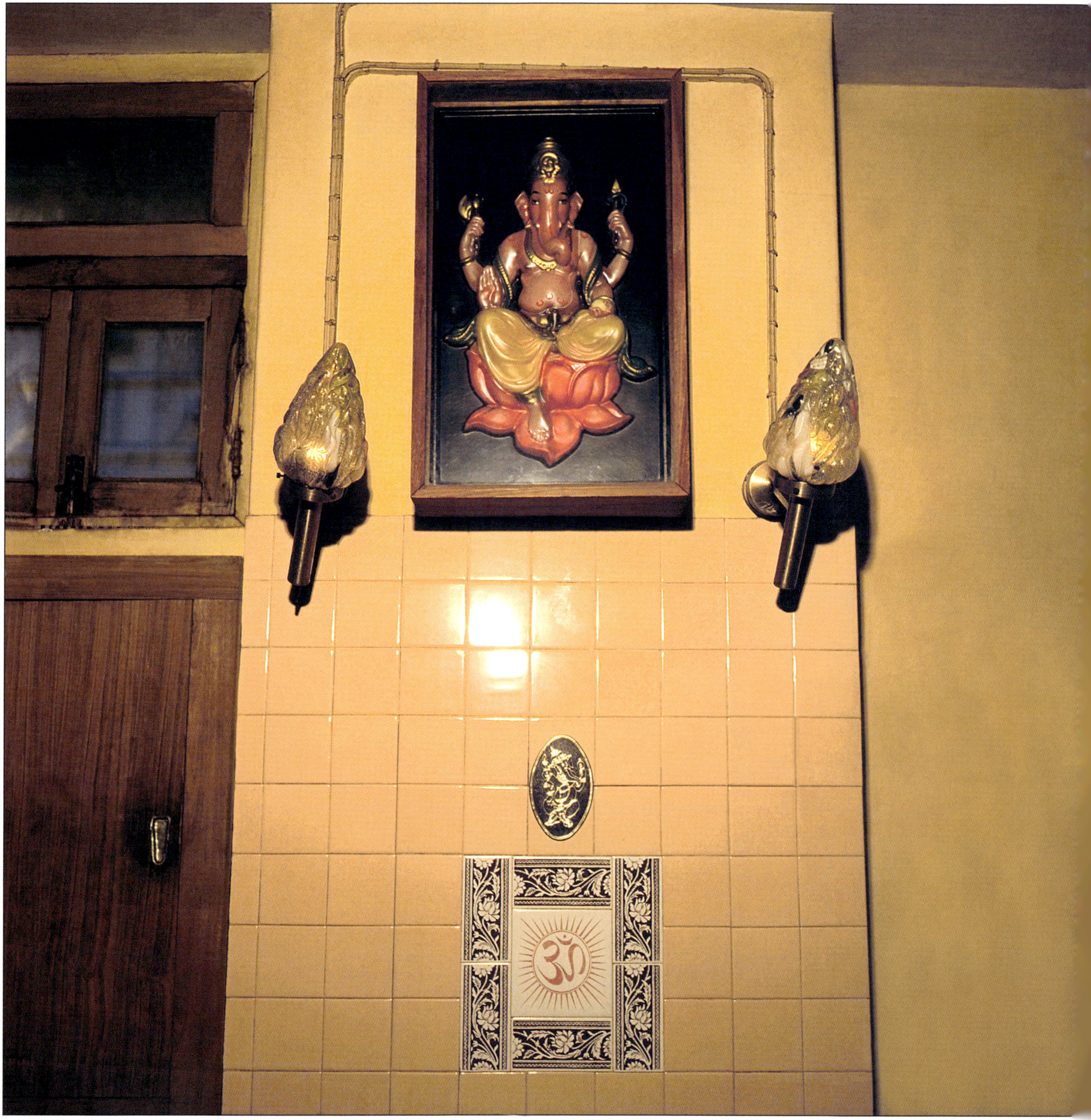

hölzernen Rahmen aufbewahrt. Es zeigt den heiligen Muslim-Schrein in Mekka. Jeden Freitag gab Shree spezielles Darshan für muslimische Mönche und an deren höchstem religiösen Fest verteilte er einmal im Jahr Kleidungsstücke an sie. Von 1977 bis 1979 las Shree jeden Abend Abschnitte aus dem heiligen Koran. Dabei wies er auf Passagen hin, die den Prinzipien des Fünffachen Pfades ähnlich sind. In einer besonderen Vision gewährte Shree einem Ergebenen, Herrn Potdar, einen kurzen Eindruck von dem heiligen Propheten Mohammed.

Das große Gemälde rechts stellt Bhao Saheb Shingavekar, den Großvater von Shree mütterlicherseits, und die Göttin Gayatri dar. Die Inschrift lautet:

> „Durch intensive Tapa-Übungen manifestierte sich die Göttin Gayatri in Form von Sonamata."

Die auf dem Bild dargestellte Vision wurde bei Abbildung 25 beschrieben.

Wir wenden uns nun dem bereits erwähnten Essplatz von Shree zu, den er bei besonderen Anlässen nutzte.

Abbildung 38

Besonderer Platz im Essraum von Shree

An diesem schön gestalteten Platz in seinem Essraum nahm Shree an religiösen Festtagen seine Mahlzeiten zu sich.

Ganz in der Nähe dieser Stelle saß Lord Parshuram bei einem seiner Besuche im Guru Mandir. Wie bei den Abbildungen 5 und 6 bereits beschrieben wurde, hielt er sich damals nachts im Vorhof des Guru Mandir auf und führte auf einem Stein sitzend ein Yagna durch. Zu dieser Zeit befand sich hier noch eine gartenähnliche Anlage. Als das Gebäude errichtet wurde, veranlasste Shree, dass nahe der Stelle, wo sich Lord Parshuram aufgehalten hatte, dieser besondere Platz eingerichtet wurde.

Die beiden fackelartigen Wandlampen beleuchten eine Darstellung von Lord Ganpati. Die Vielfalt seiner Kräfte wird durch vier Arme symbolisiert, wobei er in den Händen verschiedene Gegenstände hält: in seiner rechten oberen Hand eine Axt, in seiner linken oberen Hand einen Stab, mit dem Elefanten gelenkt werden. Er wird Ankush genannt. Symbolisch steht er für das Dirigieren des Gemüts. Die rechte untere Hand von Lord Ganpati ist in segnender Haltung erhoben, während in seiner linken unteren Hand ein süßes Getreidebällchen liegt.

Er trägt einen kronenartigen Kopfschmuck und sitzt auf einer geöffneten Lotosblüte. Der Lotos ist aufgrund seiner besonderen Eigenschaft eines der bekanntesten Symbole für Reinheit und Heiligkeit. Wie die Lotosblüte auf dem Wasser schwimmt und doch nicht vom Wasser benetzt wird, so lebt ein erleuchtetes Wesen wohl in der Welt, jedoch ohne innerlich an sie gebunden zu sein. Diese Wahrheit wird im Hinduismus, Buddhismus und im Christentum gleichermaßen gelehrt.

Die Krone auf dem Haupt von Lord Ganpati wie auch die Kronen in der Abbildung 34 weisen darauf hin, dass Vollkommenheit erreicht ist. Alle Energiezentren bis hinauf zum Scheitel wirken in ihrer höchsten Funktion. Es ist Herrschaft über alle fein- und grobstofflichen Elemente in vollkommener Übereinstimmung mit dem höchsten Licht in Kraft getreten.

Welch große Demut und welche Liebe muss in den Wesen leben, die auf den Aufenthalt in den Sphären verzichten, die diesem Zustand entsprechen, und einem göttlichen Auftrag folgend auf der Erde einen menschlichen Körper annehmen. Als göttliche Boten erfüllen sie hier Aufgaben, deren Größe nicht vorstellbar ist. Mit ihrer Inkarnation nehmen sie es gleichzeitig auf sich, in unterschiedlichem Ausmaß irdischen Gesetzmäßigkeiten unterworfen zu sein, obwohl diese in Wirklichkeit für sie keine Gültigkeit haben. Allein die Anwesenheit solcher Wesen auf der Erde bringt hohes Licht mit sich, das die Entfaltung des Göttlichen im Menschen auf vielfache Weise beschleunigt. Ein Teil ihrer Aufgabe ist es, die Fesseln des Menschen zu lösen, welche ihn durch Unwissenheit oder Unreinheit an die Dunkelheit binden. Auf bildhaften Darstellungen wie dem Ganpati-Gemälde wird dies meist durch eine Axt oder eine Keule symbolisiert, mit der die Dunkelheit bekämpft und besiegt werden soll. In der irdischen Wirklichkeit bedeuten einige dieser als Waffen dargestellten Symbole hohe geistige Kräfte und hohes Wissen. Der jeweiligen Zeit angepasst wird Wissen als Anleitung zu geistigen Übungen gegeben. Durch diese kann man höhere Erkenntnisse erlangen und dem Licht näher kommen.

Außer dem großen Ganpati-Gemälde kennzeichnen zwei weitere Darstellungen diesen Platz als heilig: eine Abbildung von Ganpati in Form einer ovalen Silberarbeit sowie - kunstvoll eingefasst - das OM-Zeichen auf der Kachel.

Die Art des Wirkens der hohen Wesen, die das Ganpati-Bewusstsein erreicht haben, wird meist nicht öffentlich bekannt. Sie begünstigen durch ihre geistigen Übungen die Entwicklung der Menschheit, indem sie einen Teil des frei gewordenen hohen Lichts zur Verfügung stellen. Dies geschieht unmerklich für die Begünstigten. Allein Hingabe und ernsthaftes Bemühen, dem Licht näher kommen zu wollen, genügen in solchen besonderen Zeiten um vielfach belohnt zu werden. Von Shree wurde bekannt, dass er mehrmals zum Beispiel durch Fasten oder durch bewusst auf sich genommene Krankheit in der beschriebenen Weise zum Wohle anderer wirkte. Es ist ebenso möglich, dass diese höchsten Wesen aus dem gleichen Grund eine Inkarnation wählen, in der sie sogar auf den Rahmen einer geistigen Stätte verzichten. Sie leben dann äußerlich wie andere Menschen, wobei sie aufgrund ihrer hohen geistigen und seelischen Feinfühligkeit die so lichtfernen Gegebenheiten hier als rau empfinden. Obwohl sie eigentlich Herr über alle Elemente sind, unterstehen sie dann den irdischen Gesetzmäßigkeiten ähnlich wie die Menschen in ihrer Umgebung. In dieser Situation ertragen sie nicht nur die Lichtsehnsucht ihrer eigenen Seele, sondern auch das Unverständnis ihrer Umwelt. Ihr Handeln, Denken und Fühlen folgt hohen Aufgaben.

Shree achtete stets darauf, dass die Dinge, mit denen er in Berührung kam, rein waren. Die Ergebenen in seiner Umgebung waren deshalb sehr darauf bedacht, ihn in dieser Hinsicht zu unterstützen. Als Grundvoraussetzung achteten sie auf große Sauberkeit in allen Bereichen. Dazu gehörte, dass ihr Bewusstsein mit Licht verbunden war, zum Beispiel durch Mantraübungen. Mit der Zubereitung der Mahlzeiten für Shree waren meistens drei Personen betraut, von denen jeweils eine unter Einhaltung bestimmter Disziplinen zur inneren und äußeren Reinigung die Mahlzeiten zubereitete. Die auf einer runden Platte angerichtete Nahrung wurde auf Wunsch von Shree immer zuerst bestimmten Andachtsriten unterzogen, bevor er sie zu sich nahm.

Vahini
Die Lebensgefährtin von Shree

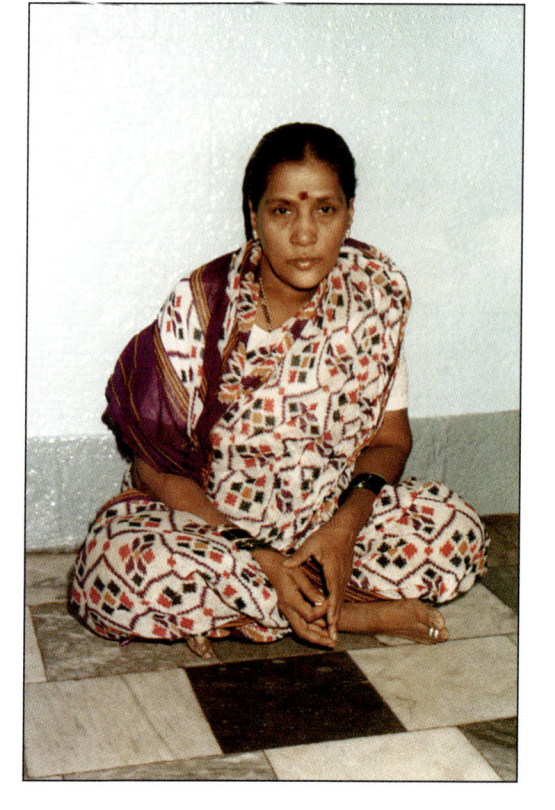

Die erste und oft einzige Mahlzeit des Tages nahm Shree erst nach 12 Uhr mittags zu sich. Oft hielt er gemäß der Tradition Fastenzeiten von 22 bis 24 Tagen ein.

Mit der folgenden Aufnahme erhalten wir einen Einblick in den Ruheraum von Shree, der sich an den Essraum anschließt.

Abbildung 39 / Seite 110

Schlafraum im Untergeschoss

Neben dem Essraum von Shree befindet sich sein Schlaf- beziehungsweise Ruheraum. In Skizze 2 ist dieser mit c gekennzeichnet. Shree nutzte ihn von Januar 1979 bis zu seinem Umzug nach Shivapuri am 5. Mai 1984. Durch den offenen Durchgang sind die beiden Wandlampen des Essraums zu erkennen.

Die Einfachheit des Raumes spiegelt wider, dass Shree von Äußerlichkeiten absolut gelöst war. Eine schlichte Holzpritsche diente ihm als Bett. Sie wurde mit einer dünnen Matratze bedeckt und genügte ihm zum Ausruhen des Körpers. Man sagt, dass Shree nie wirklich schlief, sondern nur seinem Körper eine gewisse Ruhezeit gönnte. Sicher war auch das eigentlich nicht notwendig, da seine Körperzellen immer mit reinem Licht aufgeladen waren. In manchen Bereichen schien Shree jedoch bewusst Zugeständnisse an die Gesetzmäßigkeiten seiner irdischen Daseinsform zuzulassen. In späteren Jahren ließ er zum Beispiel seinen Körper einige äußere Zeichen des Alters annehmen, während sein Bewusstsein sicherlich jenseits der Begriffe von Raum und Zeit weilte. In den Stunden, in denen er sich zur Nachtruhe zurückzog, etwa von 21 Uhr bis um 3 Uhr morgens, gingen diejenigen schlafen, welche sonst für Besorgungen und Dienste stets in seiner Nähe blieben. Frühmorgens begann der Tagesablauf von Shree mit geistigen Disziplinen.

In dem hölzernen Schrein an der Wand hinter dem Ruhelager von Shree befinden sich einige Statuen: Die größte stellt Lord Dattatreya in Begleitung einer Kuh dar (s. Abb. 10).

Links von ihm ist Hanuman zu erkennen, der bereits bei den Abbildungen 6 und 12 beschrieben wurde. Zwei kleinere Statuen befinden sich rechts und links vor der Statue von Lord Dattatreya. Links zeigt eine feine Filigranarbeit Lord Vishnu auf Garuda sitzend. Dieser Adler ist Lord Vishnu in der Mythologie als Symbol beigefügt. Die Darstellung versinnbildlicht den Aufenthalt in himmlischen Sphären im Gegensatz zu seinen irdischen Daseinsformen. Rechts davon steht eine Darstellung von Lord Ganpati, dessen besondere Symbolik bereits mehrfach erwähnt wurde.

Das in der rechten Ecke des Schreins aufgestellte Bild zeigt eine Darstellung von Lord Kalki. Die ihm zugeschriebenen Symbole Sonne (stellvertretend für die aktive Kraft) und Mond (stellvertretend für die passive Kraft) versinnbildlichen die Ewigkeit.

Über den Statuen ist oben am Schrein das Hare-Ram-Mantra als Inschrift angebracht.

Auf dem Schrein steht eine schlanke, elektrische Lampe, die einen besonderen Lichteffekt hat, wenn sie leuchtet. Das Licht der Glühbirne erwärmt zahlreiche kleine Teilchen, die in einer Flüssigkeit immer wieder auf- und abwärts schweben. Eine Lampe dieser Art erhielt Horst Heigl bei einem seiner Aufenthalte im Guru Mandir als symbolisches Geschenk von Shree.

Oberhalb des Lichtschalters an der Tür ist eine Bleistiftzeichnung angebracht, die Shree darstellt. Eine Frau fertigte dieses Bild nach einer Vision an. Sie wusste nicht, dass ihr auf diese Weise Shree begegnet war, den sie noch nie

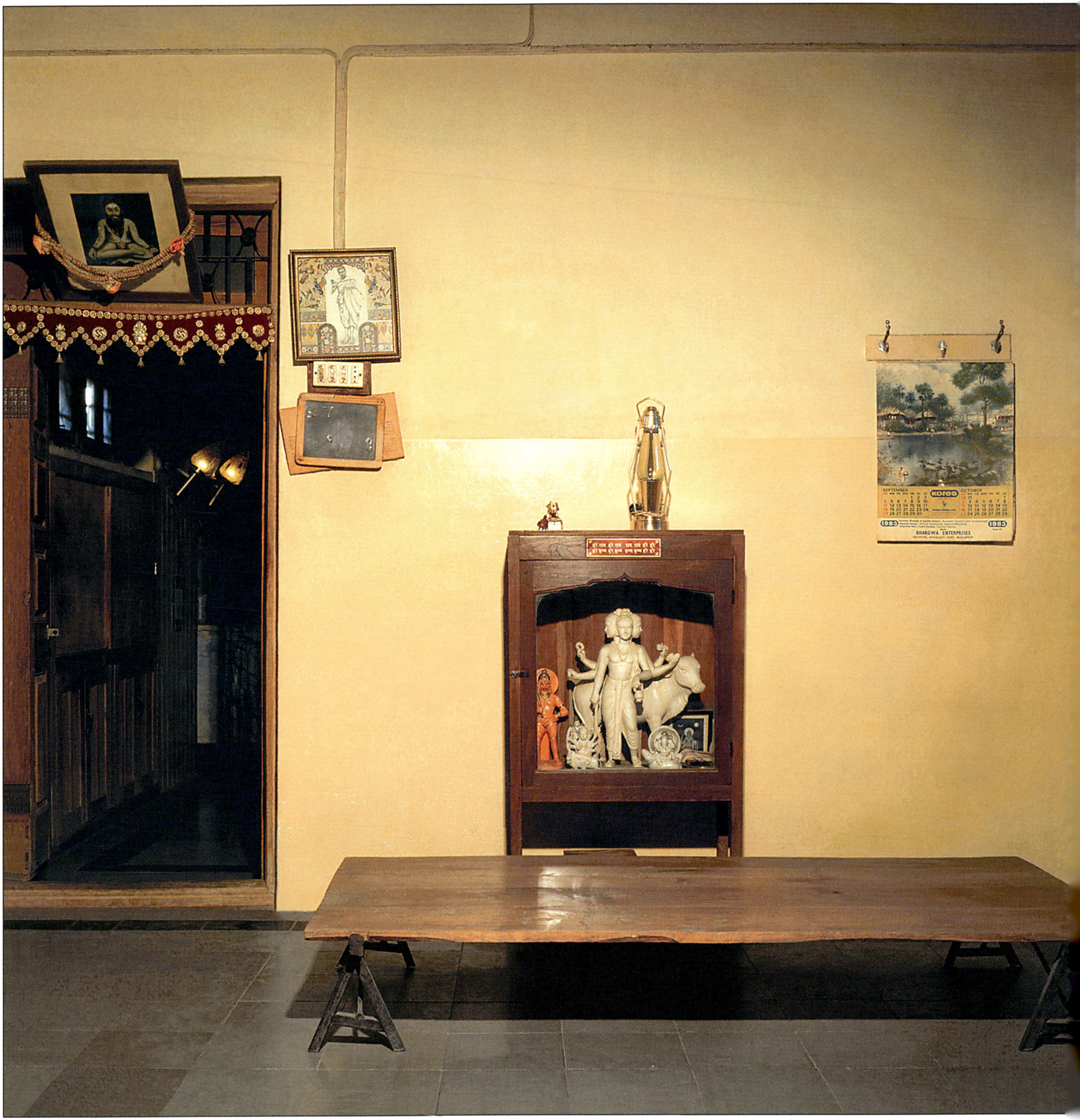
SEPTEMBER
kores
OCTOBER
1983
1983
BHARGWA ENTERPRISES

zuvor gesehen hatte. Erst einige Zeit nach dem Ereignis konnte sie bei einem Darshan feststellen, dass ihre Zeichnung Shree darstellte. Tief berührt machte sie ihm das Bild zum Geschenk. Shree ließ es hier aufhängen.

Das Gemälde über der Tür zeigt Jamdagni. Er ist der Sohn von König Ruchik und der Vater von Lord Parshuram. Jamdagni hatte über längere Zeit strenge geistige Übungen durchgeführt. Nach der indischen Mythologie erhielt er daraufhin von der Gottheit Indra, dem König der Himmel, eine Kuh, die alle Wünsche erfüllen konnte. Als weitere Gabe erhielt er auch das Versprechen, dass er einen Sohn haben werde, der über höchste göttliche Kräfte verfügen würde.

Mit diesem Raum beenden wir den Rundgang durch das Guru Mandir. Er führte uns durch verschiedene Bereiche der Mythologie und der Geschichte und ließ uns einen Teil des Wirkens höchster geistiger Kräfte erahnen.

Shree zog am 5. Mai 1984 nach Shivapuri um. Dieser Stätte und Shrees Wirken dort sowie weiteren Ereignissen ist der Bildband Shivapuri gewidmet. Zwar ist jeder Bildband in sich abgeschlossen, jedoch ergeben erst beide Bände zusammen ein vollkommeneres Bild.

Literaturverzeichnis

1 Heigl, Horst und Birgitt: „Shivapuri", Fotoband, Verlag Horst Heigl, Heiligenberg. 1. Auflage 2002

2 Heigl, Horst: „Erfüllte Verheißungen", Band 1, Verlag Horst Heigl, Heiligenberg (in Vorbereitung).

3 Heigl, Horst: „Erfüllte Verheißungen", Band 2, Verlag Horst Heigl, Heiligenberg (in Vorbereitung).

4 Lozynski, Horst: „Der Glorreiche", Verlag Horst Heigl, Heiligenberg. 1. Auflage: Drei-Eichen-Verlag, München/Engelberg 1985.

5 Lozynski, Horst: „Enthüllte Geheimnisse vom Abendmahl des Leonardo da Vinci", Band 1, Verlag Horst Heigl, Heiligenberg. 1. Auflage Überlingen 1987.

6 Lozynski, Horst: „Enthüllte Geheimnisse vom Abendmahl des Leonardo da Vinci", Band 2, Verlag Horst Heigl, Heiligenberg. 1. Auflage Überlingen 1987.

7 Lozynski, Horst: „Volugenos", Verlag Horst Heigl, Heiligenberg. 1. Auflage Überlingen 1987.

8 Nargundkar, Ratnakar: „Sadguru's Bestowal", Verlag Horst Heigl, Heiligenberg. 1. Auflage Überlingen 1987.